세상에서 가장 아름다운
밤하늘 교실

★ 스토르토르예트(스웨덴)

시작하며

은하수와 오로라에 관한 신비한 이야기,
달과 별자리에 숨어 있는 비밀이 궁금하지 않나요?

"내가 아는 별자리는 오리온자리뿐인걸요."
"우주와 별에 관한 이야기는 어렵게 느껴져요."

이런 걱정 없이 누구나 쉽게 이해할 수 있도록
밤의 신비와 별에 관한 비밀을
아름다운 밤하늘 풍경과 함께 소개하려고 해요.

★ 스사미(와카야마)

"은하수는 여름에만 볼 수 있나요?"
"별이란 대체 무엇인가요?"

신비로 가득한 밤하늘을 알면 알수록
어서 빨리 밤이 오기를 기다리게 될 거예요.

이제 책장을 넘기면
세상에서 가장 멋진 밤하늘 교실이 펼쳐집니다.

★ 일러두기

- 소개한 내용 중에 한국에 관한 내용은 저자의 동의를 구해 추가한 것입니다.
- 일부 학설이나 신화 중에는 다른 설이 존재하는 내용도 있습니다.
- 전문 과학 지식을 쉽게 전달하기 위해 일러스트와 문장을 축약한 부분이 있습니다.
- 별과 지구의 거리(광년)는 위키피디아(영문) 자료를 참고했습니다.

추천의 글

우리 민족은 오랜 옛날부터 밤하늘과 별을 사랑해 왔습니다.
오래 된 고인돌과 고분 벽화에 별과 관련된 그림들이
발견되기도 하고 오래전에 지어진 천문대만 보아도
짐작할 수 있지요. 이웃 나라 일본도 밤하늘과 별에
많은 관심을 가졌던 것은 마찬가지였던 것 같아요.

《세상에서 가장 아름다운 밤하늘 교실》은 일본에서
가장 유명한 천문관과 전 세계를 누비며 밤하늘을 찍는
사진작가들의 도움으로 만들어진 책입니다. 별과 우주에 관한
과학적인 사실들을 아름다운 사진으로 보여 주는
아주 흥미로운 책이지요.

이 책을 읽다 보면 언젠가, 어디에선가 들어 본 적은 있지만
확실하게 알지 못했던 사실들을 정확하게 이해할 수 있게
될 거예요. 어쩌면 잘못 알고 있었던 사실들을 바로잡을
수도 있게 해 줄 겁니다. 밤하늘에 떠 있는 반짝이는 별을
좋아하는 사람이라면 어른 아이 할 것 없이 모두 시간 가는
줄 모르고 재미있게 읽을 수 있을 것입니다.

우리나라에서 본 밤하늘은 아니지만 전혀 낯설게 느껴지지는
않습니다. 어차피 밤하늘에는 국경이 없으니까요.

이강환 서대문자연사박물관장

목차

- 2   시작하며
- 4   추천의 글
- 8   밤하늘이 가장 아름다운 곳은 어디인가요?
- 14   은하수의 정체는 무엇인가요?
- 18   은하수는 여름에만 볼 수 있나요?
- 24   오로라가 빛나는 이유는 무엇인가요?
- 28   오로라에는 다양한 형태가 있다고 하던데요?
- 32   오로라와 은하수를 동시에 관찰할 수도 있나요?
- 36   별이란, 대체 무엇인가요?
- 42   '항성'을 한마디로 말하면 어떤 별인가요?
- 48   '행성'을 한마디로 말하면 어떤 천체인가요?
- 54   '혜성'은 어떤 별인가요?
- 60   혜성의 이름은 어떻게 정하나요?
- 64   '유성'과 '혜성'은 똑같은 별인가요?
- 70   그렇다면, '유성'과 '유성우'는 어떻게 다른가요?
- 74   별은 최후에 어떻게 되나요?
- 80   절경! 밤하늘이 아름다운 관광지 1위
- 82   '우리 은하'와 '태양계'는 어떻게 다른가요?
- 88   별은 왜 반짝이나요?
- 94   별자리 중에 가장 밝은 별은 무엇인가요?
- 100   별마다 색이 조금씩 다른 이유는 무엇인가요?
- 106   태양은 서쪽으로 질 때 붉게 물드는데, 별은 왜 붉어지지 않나요?
- 112   멀리 있는 별은 어둡게 보이나요?
- 118   계절에 따라 볼 수 있는 별이 다른 이유는 무엇인가요?

★ 가라마츠 산 정상(나가노)

124	북극성의 위치는 언제나 정북쪽인가요?	164	별자리는 세계 공통인가요?
130	나라마다 밤하늘에 보이는 별이 다른 이유는 무엇인가요?	170	봄철 밤하늘의 대표적인 별은 무엇인가요?
		174	여름철 밤하늘의 대표적인 별은 무엇인가요?
134	절경! 밤하늘이 아름다운 관광지 2위	178	가을철 밤하늘의 대표적인 별은 무엇인가요?
		182	겨울철 밤하늘의 대표적인 별은 무엇인가요?
136	달은 맨 처음 어떻게 탄생했나요?	186	모두를 깜짝 놀라게 할 만한 오리온자리의 이야기를 알려 주세요!
142	달의 모양이 변하는 이유는 무엇인가요?		
148	월식 외에도 달에 관련된 신기한 현상이 있나요?	190	절경! 밤하늘이 아름다운 관광지 6위
154	달에 토끼가 산다는 전설은 세계 어느 곳이나 똑같나요?		
158	지구와 달은 어떤 관계인가요?	194	우리가 볼 수 있는 천문 현상 / 대표적인 유성우
		196	마치며
162	절경! 밤하늘이 아름다운 관광지 3위/4위/5위	198	사진작가 목록

Q

밤하늘이
가장 아름다운 곳은
어디인가요?

★ 데카포(뉴질랜드)

A

뉴질랜드의
데카포 인근이에요.

데카포는 세계 최초로 밤하늘을
세계 자연 유산으로 등록하려고 해요.
(엄밀하게 이야기하면 어느 하늘이
가장 아름답다고 정할 수는 없겠지요.)

밤하늘이 가장 아름다운 곳은 어디인가요?

머나먼 남쪽의 섬에 '별이 쏟아지는 마을'이 있다고 해요.

한국에서 약 1만km 떨어진 뉴질랜드에 세계 최초로 밤하늘을 세계 자연 유산으로 신청한 데카포 마을이 있어요.

Q1 데카포는 어떤 곳인가요?

A 주민 400명 정도가 사는 작은 마을이에요.

데카포는 뉴질랜드 남섬에 있는, 산과 호수로 둘러싸인 풍요로운 마을이에요. '데카포'는 뉴질랜드 원주민인 마오리족의 말로 '밤이 잠드는 곳'을 뜻한다고 해요.

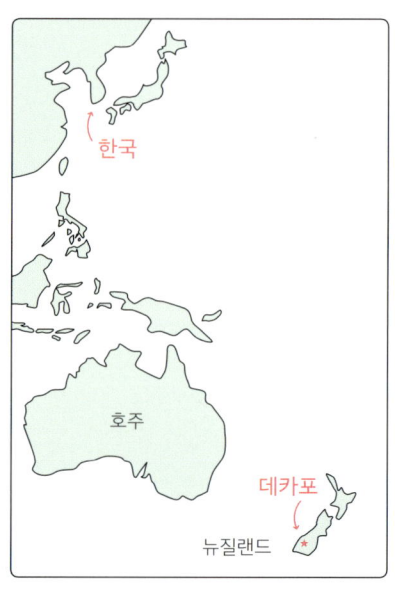

★ 데카포 마을의 데카포 호수

Q2 | 데카포 마을의 밤하늘은 왜 아름다운가요?

A | 주변이 어둡고 공기가 깨끗하기 때문이에요.

데카포는 뉴질랜드에서 하늘이 청명하기로 유명한 곳이에요. 공기가 건조하고 맑으며 주변에 대도시가 없어서, 별을 관찰하기에 안성맞춤인 곳이지요. 수천 미터를 올라가지 않고도 쉽게 별빛 가득한 밤하늘을 감상할 수 있답니다. 이런 곳은 세계 어디에서도 찾아볼 수 없을 거예요.

데카포 마을 사람들은 마을의 가로등이 너무 밝아지지 않도록 덮개를 씌우거나, 빛의 피해가 적은 조명을 사용하는 등 스스로 아름다운 데카포의 밤하늘을 보호하고 있어요. 뉴질랜드 정부에서는 세계 최초로 데카포의 밤하늘을 유네스코 세계 자연 유산으로 등록하려고 노력하고 있답니다.

Q3 | 밤하늘이 얼마나 아름다운 건가요?

A | 서울 명동의 100배가 넘는 별을 볼 수 있어요.

명동의 거리는 굉장히 밝고 시야가 높은 건물로 가로막혀 있어서, 별이 10개도 보이지 않을 거예요. 하지만 맑은 날 데카포에서는 약 3000개의 별이 보인답니다. 별 관측 투어를 운영하고 있는 세계 최남단의 '마운트 존 천문대'에서는 밤하늘 가득 수놓은 별을 천체 망원경으로 감상할 수 있어요.

★ 데카포 호수 서쪽에 자리 잡은 마운트 존 천문대

데카포 호수 옆에 있는 '선한 양치기 교회'예요.
관광 명소 중 하나로 결혼식이 열리기도 해요.

Q4 데카포에는 언제 가는 것이 좋나요?

운이 좋으면 오로라도 볼 수 있어요.

A | 6월~8월에는 은하수를, 11월 말~12월 말에는 루피너스를 볼 수 있어요.

7월에는 은하수가 머리 위를 통과해요. 데카포는 남반구에 있어서 남십자성이나 대, 소마젤란운처럼 한국에서 볼 수 없는 별을 다양하게 관찰할 수 있지요. 또한 루피너스로 가득한 환상적인 대자연도 밤하늘과 함께 빼놓지 말아야 할 장관이랍니다.

☆ 가는 방법   인천 공항 → 뉴질랜드 오클랜드(국제선 비행기로 약 12시간) → 크라이스트처치(국내선 비행기로 약 2시간) → 데카포(승용차나 버스로 약 3시간 반)

데카포 호수에 핀 루피너스

Q
은하수의 정체는
무엇인가요?

★ 노베야마 고원(나가노)

A

지구에서 '우리 은하'를
바라본 모습이에요.
지구가 속해 있는 은하를
'우리 은하'라고 해요.

은하수의 정체는 무엇인가요?

지구와 은하수는 같은 은하에 속해 있어요.

수많은 별이 반짝이는 은하수의 정체는 '우리 은하'에 모여 있는 별이랍니다. 지구가 '우리 은하' 안에 속해 있어요.

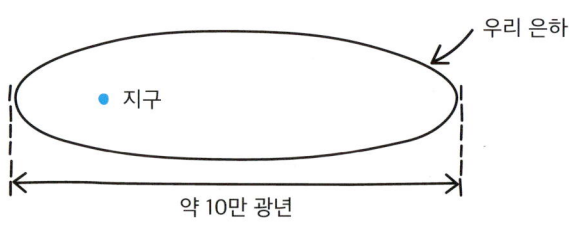

우리 은하는 지름이 약 10만 광년으로, 원반처럼 생긴 모양을 하고 있어요. 참고로 은하수가 수많은 별로 이루어졌다는 사실을 발견한 사람은 천문학자 갈릴레오 갈릴레이(1564~1642)랍니다.

지구에서 우리 은하를 바라본 모습이 은하수예요.

Q1 | '우리 은하'란 대체 무엇인가요?

우리 은하 = 은하계

A | 우리가 살고 있는 은하를 뜻하는 말이에요.

'우리 은하'는 은하계라고도 하며 원반 모양을 하고 있어요. 은하수뿐만 아니라 지구에서 보이는 별의 대부분은 '우리 은하'에 속해 있는 별이지요.

Q2 | '우리 은하'와 '은하'는 다른 건가요?

A | 여러 '은하' 중 하나가 '우리 은하'랍니다.

'은하'란 수많은 별의 무리를 뜻하는 말로 다른 여러 은하를 포함하는 일반적인 명칭이지요.

Q3 | '우리 은하' 외에도 유명한 은하가 있나요?

A | 안드로메다은하, 대마젤란은하, 소마젤란은하 등이 있어요.

안드로메다은하

산 정상 왼쪽으로 넓게 반짝이고 있어요.

대마젤란은하, 소마젤란은하

구름처럼 보이는 별의 무리가 대마젤란은하(아래), 소마젤란은하(위)이에요.

★ 가라사와 권곡 빙하(나가노)

★ 데카포(뉴질랜드)

안드로메다은하는 우리 은하보다 두 배 이상 크다고 해요. 수십 억 년 후에는 안드로메다은하와 우리 은하가 서로 잡아당기는 인력 때문에 충돌하게 될지도 모른다고 하네요.

16세기(대항해 시대)에 포르투갈의 탐험가 마젤란이 바다로 세계 일주를 하며 발견한 두 개의 은하예요. 남반구에서만 볼 수 있는 은하로, 한국이 속한 북반구에서는 관찰할 수 없어요. 이유는 구름처럼 뿌옇게 보이기 때문에 '마젤란성운(星雲)'이라고 불리기도 해요.

Q

은하수는
여름에만
볼 수 있나요?

A

겨울에도 볼 수 있어요.

좌우로 어렴풋이 흘러가는 겨울의 은하수
★ 노베야마 고원(나가노)

은하수는 여름에만 볼 수 있나요?

여름 밤하늘의 대명사인 은하수는 사실 겨울에도 볼 수 있답니다.

겨울의 은하수는 여름처럼 뚜렷하게 보이지 않아요. 다만 겨울에도 별이 잘 보이는 환경이 갖춰진다면 은하수를 볼 수 있어요.

Q1 | 겨울의 은하수가 희미하게 보이는 이유는 무엇인가요?

A | 우리 은하의 바깥쪽을 보고 있기 때문이에요.

여름의 은하수는 우리 은하의 중심부를 볼 수 있어서 별이 많은 것처럼 보여요. 겨울에는 우리 은하의 바깥쪽을 보게 되므로 여름보다 별이 적게 보이는 것이지요.

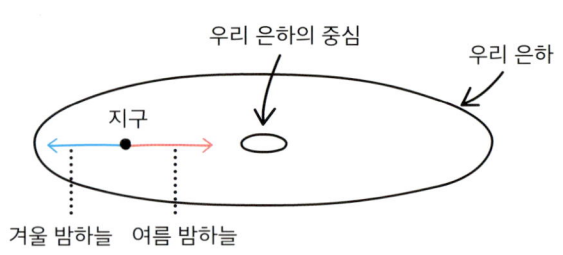

Q2 | 겨울 은하수의 특징은 무엇인가요?

A | 겨울 은하수에는 '빛의 길'이 교차하는 곳이 있어요.

우주의 먼지가 태양 빛을 반사하면서 생긴 빛의 길을 '황도광'이라고 해요. 주변이 어둡고 공기가 맑은 밤하늘에서는 황도광과 은하수가 교차하는 환상적인 풍경을 감상할 수 있어요. 오리온자리처럼 잘 알려진 별자리를 함께 관찰할 수 있다는 점 역시 겨울 은하수가 지닌 매력 중 한 가지랍니다.

왼쪽 아래에서 오른쪽 위를 향하는 빛의 길이 황도광이에요.
은하수는 오른쪽 아래에서 왼쪽 위로 흘러가고 있어요.
★ 기타다케(야마나시)

겨울의 은하수는 오리온자리 바로 옆으로 흘러가요.
★ 도노미네 고원(효고)

★ column 1 ★

여신의 모유가 흘러나와
은하수가 되었다고요?

그리스 신화의 여신 헤라에게는 영원한 생명을 얻을 수 있는 '불사신 젖'이 흘러나온다고 해요.

어느 날 제우스는 한 아기에게 잠자고 있던 헤라의 젖을 먹였어요. 여신의 젖을 먹여 신과 같은 능력을 갖게 해 주려는 것이었지요. 헤라는 아기가 자신의 젖을 빨고 있는 모습을 보자 깜짝 놀라 하늘로 날아올라 갔어요. 그때 하늘로 흘러나온 모유는 은하수가 되었고 땅으로 떨어진 모유는 백합이 되었다고 해요. 은하수를 영어로 밀키웨이Milky way라고 하는 이유도 바로 이 때문이지요. 참고로 헤라의 젖을 세게 빨았던 아기는 후에 수많은 무용담을 남긴 영웅, 헤라클레스랍니다.

틴토레토 작
1575년경

Q
오로라가
빛나는 이유는
무엇인가요?

★ 알래스카(미국)

A

태양의 영향으로 반짝이는
것처럼 보일 뿐이에요.

태양이 방출하는 작은 전기 입자가
지구의 대기에 부딪히면 빛이 발생해요.

오로라가 빛나는 이유는 무엇인가요?

밤하늘의 화려한 커튼, 오로라는 태양이 보내 준 선물이에요.

태양은 지구에 따뜻한 빛을 비추는 것 말고도 '태양풍'이라고 하는 전기를 지닌 작은 입자를 초속 수백 킬로미터로 내뿜고 있어요. 그 입자가 지구를 둘러싼 산소와 질소에 충돌하면서 오로라가 발생한답니다.

Q1 가장 많이 나타나는 오로라의 색은 무엇인가요?

A 녹색이에요. 보라색은 드물게 관찰할 수 있어요.

태양풍이 충돌하는 공기의 성분에 따라 오로라 색이 변해요.

> 산소와 부딪히면 녹색이나 붉은색으로

★ 세니야 섬(노르웨이)

> 질소와 부딪히면 보라색이나 핑크색으로

★ 알래스카(미국)

중세 유럽에서는
붉은 오로라를 '신의 분노'라고
여기며 두려워하기도 했어요.
★옐로나이프(캐나다)

Q2 | '오로라'의 유래를 알려 주세요.

A | 원래는 여신의 이름이라고 해요.

'오로라'는 원래 로마 신화에 나오는 '새벽의 여신'의 이름이에요. 밤하늘에 넘실대는 빛을 보고 천문학자 갈릴레오 갈릴레이가 이름을 붙였다고 해요.

★column 2★
오로라는 물고기의 반사광인가요?

유럽 북부에서는 청어 떼에 태양 빛이 반사되어 오로라가 생긴다는 옛날이야기가 전해 내려와요. 한편 유럽의 다른 지역에서는 붉은 오로라가 피와 전쟁을 연상시킨다고 해서 불길한 징조로 여기기도 했지요. 오로라는 지역이나 문화에 따라 길조나 흉조로 다르게 받아들여졌어요.

Q
오로라에는
다양한 형태가
있다고 하던데요?

★ 클루아니 국립공원(캐나다)

A

커튼형과 방사형, 이렇게 두 가지 형태가
있다고 생각하면 이해하기 쉬워요.

오로라에는 다양한 형태가 있다고 하던데요?

오로라는 옆에서 바라볼 때와 아래에서 바라볼 때 빛의 모양이 달라져요.

오로라는 커튼형과 방사형 등 다양한 형태가 있어요.
2013년에 알래스카에서 오로라의 폭발이 일어나 화제가 된 적이 있어요. 그 폭발은 방사형 오로라에서 발생했답니다.

Q1 | 오로라의 모양이 다양한 이유는 무엇인가요?

A | 장소에 따라 보이는 모양이 다르기 때문이에요.

커튼형

오로라가 발생한 지점에서 멀리 떨어진 곳에서는 커튼처럼 보여요.

★ 키루나(스웨덴)

방사형

오로라가 발생한 지점에서 가까운 곳에서는 방사형으로 보여요. 커튼형 오로라 바로 밑에서 바라보고 있다고 생각하면 된답니다.

★ 알래스카(미국)

2013년 오로라 폭발
★알래스카(미국)

Q2 | 오로라는 얼마나 높은 곳에서 빛나고 있나요?

A | 약 100~500km 상공에서 빛나고 있어요.

지상에서 100km 떨어진 곳부터 공기가 옅어지기 시작해요. 그곳부터 '대기권외'라고 하지요. 하지만 상공 100km 보다 더 높은 곳에서도 공기가 희박하게 존재해요. 오로라는 그곳에서 발생한답니다.

★column 3★

어디까지 하늘이고 어디부터 우주인가요?

하늘과 우주의 경계를 명확하게 정할 순 없어요. 다만 지상에서 100km 떨어진 곳부터는 공기가 희박해서 주변이 어두워지기 시작해요. 그곳을 '하늘과 우주의 경계선'이라고 생각하면 된답니다. 참고로 구름은 수십 킬로미터 상공에 떠 있으며, 비행기는 상공 10km 부근을 비행해요.

Q
오로라와 은하수를
동시에 관찰할 수도
있나요?

★ 알래스카(미국)

A

오로라를 볼 수 있는 곳이라면 은하수와 함께 볼 수 있어요.

뉴질랜드를 비롯한 남반구에서는 오로라와 은하수를 함께 관찰할 수 있답니다.

오로라와 은하수를 동시에 관찰할 수도 있나요?

지구의 남쪽 지역에도 오로라를 볼 수 있는 곳이 있어요.

오로라는 북극이나 남극 주변에서 볼 수 있어요. 특히 북유럽이나, 캐나다, 알래스카 등은 오로라로 유명한 관광지랍니다.
남극 주변에 오로라를 볼 수 있는 관광 명소가 드문 이유는 오로라가 아름답게 보이는 곳 대부분이 남극 대륙 가까이에 있어서 접근하기 어렵기 때문이에요.

Q1 오로라가 자주 나타나는 시기가 있나요?

A 북극 근처에서는 밤이 긴 9월에서 3월 사이에 오로라를 가장 자주 관찰할 수 있다고 해요.

일반적으로 밤 10시~새벽 2시 사이에 하늘이 가장 어두울 때 볼 수 있으며, 한 번 나타나면 몇 십 초에서 몇 시간 동안 계속된답니다.

2011년 3월의 오로라와 달
★ 알래스카(미국)

Q2 | 오로라는 밤에만 볼 수 있나요?

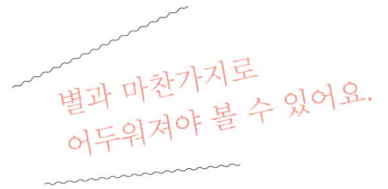
별과 마찬가지로 어두워져야 볼 수 있어요.

A | 오로라는 낮에도 나타나요.

하지만 태양이 훨씬 더 밝아서 볼 수 없는 것이지요.

Q3 | 눈이나 비가 오는 날에도 오로라를 볼 수 있나요?

A | 흐린 날에는 오로라를 관찰할 수 없어요.

비가 와도 오로라는 나타나지만, 구름에 가려서 '보이지 않는 것'이랍니다.

Q4 | 오로라를 한국에서도 볼 수 있나요?

A | 전에는 볼 수 있었지만 지금은 볼 수가 없어요.

태양이 방출하는 전기 입자를 끌어당기는 지구 자기장의 북극(자북극)이 이동하고 있기 때문이에요. 지금은 자북극이 캐나다 북극권에 있지만 고려 시대에는 유럽-러시아 북극권에 있어서 한반도에서 오로라 관측이 가능했다고 해요.

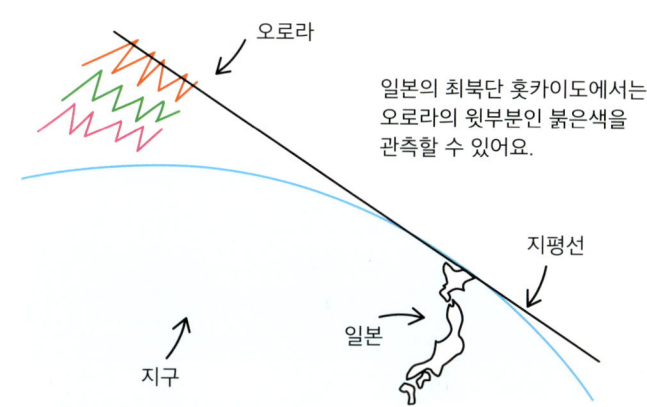

일본의 최북단 홋카이도에서는 오로라의 윗부분인 붉은색을 관측할 수 있어요.

★ column 4 ★
삼국 시대부터 고려 시대까지 오로라에 관한 기록이 있어요.

백제와 고구려, 고려 시대의 문헌에 '붉은 기운', '붉은 요기' 같은 것이 나타났다 사라졌다는 기록이 있어요. "여름 4월 동방에 붉은 기운이 있었다." (백제 다루왕 7년, 서기 34년), "봄 3월 갑인 밤에 붉은 기운이 태미원에 뻗쳤는데, 마치 뱀과 같았다." (고구려 신대왕 14년, 178년), "밤에 비단 같은 백기가 하늘까지 닿았다가 갑자기 붉은 요기로 변했다." (현종 8년, 1017년). 여기서 말하는 붉은 기운은 오로라를 뜻해요. 기록을 자세히 들여다보면 이런 붉은 기운은 10년 주기로 강하게 나타났다는 것을 알 수 있는데, 이것은 태양의 활동이 활발해지는 11년 주기와도 거의 일치한다고 해요.

Q
별이란,
대체 무엇인가요?

★ 데카포(뉴질랜드)

A

옛날 사람들은 밤하늘에서
조그맣게 반짝이는
모든 것을 '별'이라고
불렀답니다.

별이란, 대체 무엇인가요?

밤하늘을 올려다보면 어느새
생각에 잠기게 되지요?
분명 옛날 사람들도
그랬을 거예요.

옛날 사람들은 태양과 달 외에 밤하늘에 조그맣게 반짝이는 것을 전부 '별'이라고 불렀어요. 지금은 스스로 빛나는 별, '항성'만을 별이라고 구분하기도 한답니다.

Q1 | 밤하늘의 별에도 종류가 있나요?

A | 스스로 빛나는 별과 그렇지 않은 별로 나뉘어요.

스스로 빛을 내는 별을 '항성'이라고 해요. 이외에는 항성의 빛을 반사해서 빛나는 행성과 혜성, 유성 등이 있어요.

레굴루스(사자자리)는 항성, 금성과 목성은 행성이에요.
★ 키이오시마 섬(와카야마)

Q2 | 우주의 별을 전부 세어 보면 몇 개가 될까요?

A | 약 1000억×1000억 개의 항성이 있다고 해요.

우주에는 약 1000억 개의 은하가 존재하며 하나의 은하는 약 1000억 개의 항성으로 이루어졌을 거라고 추측하고 있어요. 참고로 지상에서 눈으로 확인할 수 있는 항성의 수는 모두 8600개 정도랍니다. 하지만 지평선보다 아래에 있는 별은 볼 수 없으며 지평선 가까이에 있는 별도 대기의 영향으로 잘 보이지 않아 실제로는 3000개 정도의 별을 관찰할 수 있어요. 도심에서는 주변의 밝은 빛과 건물로 시야가 가로막혀서 볼 수 있는 별의 수가 더욱 줄어든답니다.

밤하늘의 별처럼 많아!

Q3 | 낮에는 왜 별을 볼 수 없나요?

A | 태양 빛이 훨씬 더 밝기 때문이에요.

사실 별은 낮에도 파란 하늘 저 멀리에서 빛나고 있어요. 하지만 눈에 보이지는 않지요. 반짝거리는 별이 보이지 않을 정도로 태양이 더 밝게 빛나기 때문이랍니다.

달은 낮에 보이기도 해요.

주변이 어둡고 시야를 가리는 건물이 없다면
끝없이 넓게 펼쳐진 밤하늘의 별을 볼 수 있어요.
★ 에리모미사키(홋카이도)

★column 5★

공룡이 바라보던 밤하늘은 지금과 달라요!

오리온자리의 별, 베텔게우스는 약 1000만 년 전에 탄생한 별이라고 해요. 그런데 공룡은 지금으로부터 2억 년도 훨씬 전에 지구에 나타나서 6500만 년 전에 멸종했지요. 즉 공룡은 베텔게우스를 보지 못하고 지구에서 사라져 버렸답니다.

베텔게우스

공룡은 베텔게우스를 보지 못했어요.

★ 이스미 시(치바)

Q

'항성'을
한마디로 말하면
어떤 별인가요?

★ 에모리초(홋카이도)

A

항성은 스스로 빛나는
별이에요.

'항성'을 한마디로 말하면 어떤 별인가요?

> **밤하늘의 별은 대부분 스스로 빛을 내며 반짝이고 있어요.**
>
> 항성이란, 스스로 빛을 낼 수 있는 별을 뜻해요. 별의 중심에서 핵융합이 일어나 열과 빛이 발생하는 것이지요. 태양도 항성이며, 중심에서 핵융합이 일어나고 있어요.

Q1 | 항성에는 어떤 별들이 있나요?

A | 밤하늘의 별 대부분이 항성이랍니다.

수성, 금성, 화성, 목성, 토성처럼 태양 주위를 돌고 있는 별과 지구 주위를 돌고 있는 달을 제외하고 눈으로 볼 수 있는 별 대부분이 항성이에요. 밤하늘에 떠 있는 항성 하나하나는 작아 보이지만, 실제로는 태양처럼 핵융합을 일으키며 열과 빛을 발산하고 있답니다.

Q2 | 왜 '항성'이라는 이름이 붙었나요?

A | 위치가 '항상' 똑같기 때문에 '항성恒星'이라고 해요.

수성과 금성처럼 태양 주위를 도는 별은 매일 위치를 바꿔가며 빛나고 있어요. 항성은 다른 별과 자리를 바꾸지 않고 규칙적으로 움직이지요. 그래서 별자리는 모두 항성으로 이루어졌답니다.

수성이나 금성은
별자리를 구성하는 별이
될 수 없어요.

오리온자리의 별도 전부 항성이에요.
★ 기타다케(야마나시)

가장 밝게 보이는 목성 외에는 전부 항성이에요.
두 번째로 밝은 별은 카펠라(마차부자리)랍니다.
★ 알래스카(미국)

Q3 | 태양을 제외하고 지구에서 가장 가까운 항성은 무엇인가요?

A 켄타우로스자리의 알파성이에요.

켄타우로스자리의 알파(α)성은 지구에서 4.3광년 정도 떨어진 별이에요. 이 별은 여름철 남쪽 하늘에서 볼 수 있지요. 참고로 알파성이란, 그 별자리에서 가장 밝은 별을 가리키는 말이랍니다. 한국에서는 '으뜸별'이라고 부르기도 해요.

켄타우로스자리 알파성

★데빌스마블(호주)

Q
'행성'을
한마디로 말하면
어떤 천체인가요?

분화구에서 연기가 나오는 아소산의 밤하늘이에요.
사진 가운데 가장 밝게 빛나고 있는 목성도 행성 중 하나예요.
★ 아소산(구마모토)

A

항성의 주위를 도는
천체랍니다.

2006년에 아래 세 가지 조건에 해당하는
천체를 행성이라고 정의했어요.

(1) 항성의 주위를 돈다.
(2) 원형에 가까운 모양이다.
(3) 궤도 내에서 지배적인 천체이다.

'행성'을 한마디로 말하면 어떤 천체인가요?

태양의 힘을 빌려 아름답게 빛나는 별이 있어요.

행성이란 항성의 주위를 도는 천체를 뜻해요. 수성, 금성, 화성, 목성, 토성, 그리고 지구와 같은 별은 태양의 주위를 도는 행성이지요. 행성은 태양과는 다르게 자기 스스로 빛을 내지 못해요. 그런데도 빛나는 것처럼 보이는 이유는 태양의 빛을 반사하고 있기 때문이에요.

Q1 | 어째서 행성이라고 하나요?

A | 밤하늘에서 자리를 바꿔 가며 이동하기 때문에 '행성行星'이라고 해요.

행성은 항성과는 다르게 매일 자리를 바꿔 가며 빛나고 있어요. 천칭자리 가까이에서 빛나다가 처녀자리 근처에서 빛나는 날도 있지요. 이처럼 계속해서 움직이기 때문에 '돌아다니는 별'이라는 뜻의 '행성'이라고 부르며 '떠돌이별'이라고도 한답니다.

★column 6★

크리스마스트리 위를 장식하는 별은 행성인가요?

크리스마스트리의 맨 위를 장식하는 별은 '베들레헴의 별'이라고 해요. 예수가 탄생했을 때, 세 명의 현자를 베들레헴의 예수가 태어난 말구유로 인도했다고 알려진 별이지요. 독일 천문학자 케플러는 '베들레헴의 별'이 기원전 7년경에 서로 대접근한 토성과 목성이라고 주장했어요. '금성'이나 '혜성'이라고 주장하는 의견도 있답니다.

Q2 | 해가 지고 가장 먼저 보이는 별은 '금성'인가요?

A | 금성이 항상 가장 먼저 보이는 것은 아니에요.

어두워진 후에 가장 먼저 보이는 별이 항상 금성이라고 할 수는 없어요. 다만, 금성을 볼 수 있는 저녁이라면 금성이 가장 먼저 보일 확률이 높은 것이지요. 계절에 따라 볼 수 있는 별이 다르므로 해가 저문 후에는 금성 외에 그 계절에 가장 밝게 빛나는 별을 첫 번째로 볼 수 있답니다.

저녁 무렵의 금성과 달
★ 사츠키마쓰바라(후쿠오카)

금성과 목성은 행성이에요.
★ 도가시마 섬(후쿠오카)

Q3 | 태양 주위를 도는 행성 외에도 행성이 존재하나요?

A | 존재합니다. 지금까지 3600여 개의 행성이 발견되었어요.
(2017년 5월 기준)

대표적으로 페가수스자리의 51번 별 주위를 도는 행성이 있어요. 1995년에 발견된 이 행성은 태양과 같은 일반적인 별에서 처음으로 발견된 행성이에요. 그 전에는 '펄사'라는 특이한 별 주위를 도는 행성이 발견되었어요.

★ 노리쿠라다케 겐가미네 정상(기후)

Q
'혜성'은
어떤 천체인가요?

2013년 3월의 팬스타스 혜성
★ 다니가와다케(니가타·군마)

A

혜성의 대부분은 얼음이에요.

'혜성'은 어떤 천체인가요?

태양열의 영향으로 녹은 얼음덩어리를 우리는 혜성이라고 불러요.

혜성은 가스나 먼지를 포함한 얼음덩어리예요.
태양에 가까이 갈수록 얼음이 점점 녹아서 내부에 있던 가스와 먼지가 빠져나오게 되지요.
지구에서는 빠져나온 가스와 먼지가 꼬리처럼 길게 늘어져 보이기 때문에 '꼬리별'이라고도 부른답니다.
태양에 가까워질수록 태양 빛을 많이 받아서 더 밝게 보이지요.

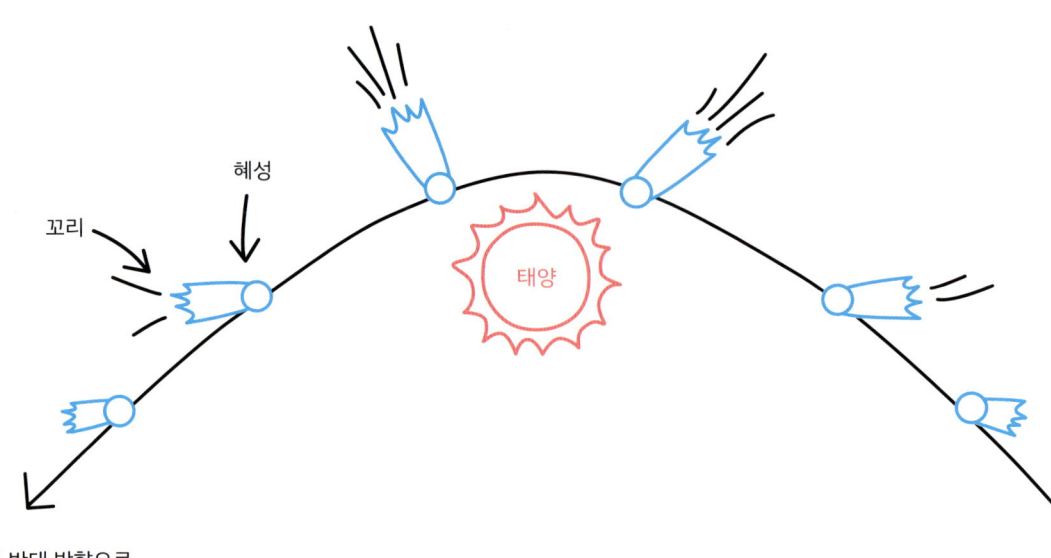

태양과 반대 방향으로 꼬리가 길어져요.

2013년 11월 아이손 혜성
★ 미쓰이시(가나가와)

Q1 | 혜성이 태양에 가까워지면 항상 커다랗게 팽창하나요?

A | 항상 그렇지는 않아요.

2013년 11월 태양에 가까워진 아이손 혜성은 굉장히 밝게 빛나리라 예측됐지만, 태양 가까이 접근하자 중심부가 무너져서 거의 보이지 않았어요. 참고로 지구에서 보이는 혜성의 크기는 혜성이 지구에 얼마나 가까워졌는지에 따라 달라진답니다.

오른쪽에 빛나는 별이 아이손 혜성이고,
왼쪽에 빛나는 별은 수성이다.
★ 기요사토 고원(야마나시)

Q2 | 혜성은 항상 되돌아오나요?

A | 혜성에 따라 달라요.

혜성에는 일정한 주기로 태양에 가까워지는 혜성과 태양에 한 번 접근하면 두 번 다시 돌아오지 않는 혜성 두 가지 유형이 있어요. 몇 년에 한 번씩 태양에 가까워지는 혜성은 주기적으로 볼 수 있지요. 예를 들어 핼리 혜성은 약 76년을 주기로 태양 주위에 접근하는데, 2061년에 다시 볼 수 있다고 해요.

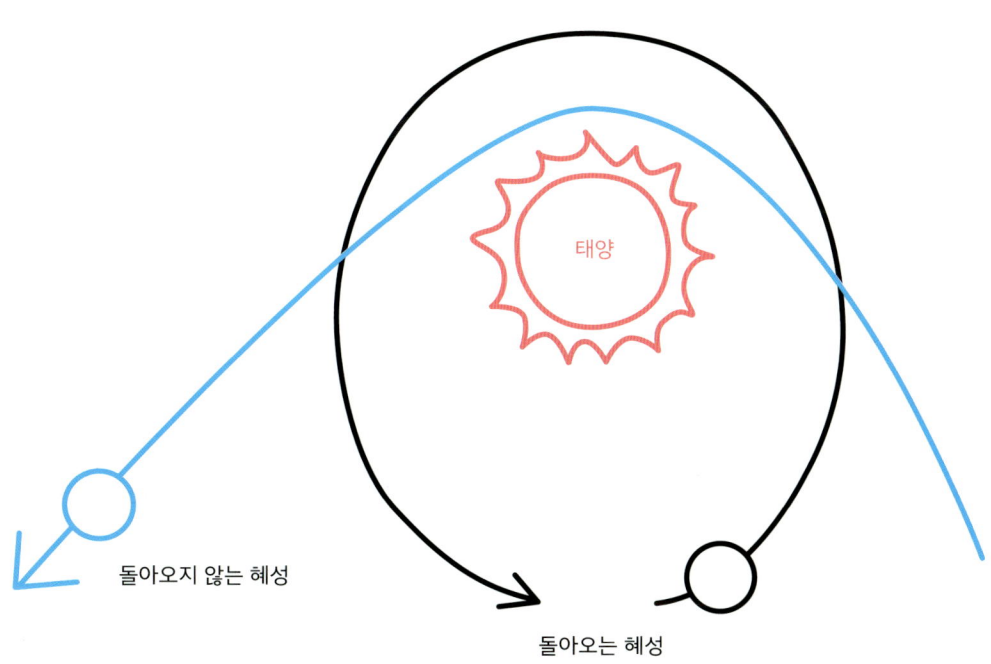

Q3 | 혜성을 이루고 있는 얼음은 얼마나 큰가요?

A | 대부분의 혜성은 지름이 수 킬로미터에서 수십 킬로미터에 이른답니다.

Q
혜성의 이름은
어떻게 정하나요?

A

혜성을 발견한 사람이나
연구팀에서 이름을 정해요.

사진은 앨런 헤일과 토머스 밥이 1995년에
발견한 헤일-밥 혜성이에요.
2년 후인 1997년에는 3개월 넘게 밝게
빛나서 화제가 되었답니다.

★ 하시구이이이와(와카야마)

혜성의 이름은 어떻게 정하나요?

자신의 이름이 밤하늘에 빛나는 별이 되기도 해요!

혜성의 이름은 혜성을 발견한 사람이나 연구팀의 이름으로 짓기 때문에 같은 사람이 여러 개의 혜성을 발견하면 전부 똑같은 이름을 지니게 되지요. 예를 들어 러브조이 혜성은 전부 5개나 된답니다. (2017년 5월 기준)
각각의 혜성을 구분하기 위해 정식 명칭에는 발견한 연도나 월을 기호화하여 표기하기도 해요.

Q1 | 최근에는 어떤 혜성이 발견되었나요?

A | 팬스타스 혜성이나 러브조이 혜성이 있어요.

★알래스카(미국)

팬스타스 혜성

팬스타스 혜성은 2011년에 '팬스타스'라고 하는 국제 프로젝트 팀이 발견했고, 2013년에 밝게 빛나는 모습을 볼 수 있었던 혜성이에요. 사진의 팬스타스 혜성 왼쪽 위로는 안드로메다은하가 펼쳐져 있어요.

Q2 | 밝게 빛나는 혜성을 언제 다시 볼 수 있나요?

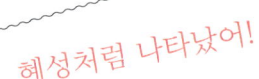
혜성처럼 나타났어!

A | 최근에 발견된 혜성은 없지만, 언제 갑자기 나타날지 몰라요.

핼리 혜성처럼 밝게 빛나는 시기를 예측할 수 있는 혜성도 있어요. 다만 아직 가까운 몇 년 안에 밝게 빛날 거라고 예측되는 혜성을 발견하지 못했어요. 혜성은 끝없이 넓은 우주에 비해 아주 작은 존재여서, 지구에 가까워지지 않으면 발견할 수 없기 때문이에요. 어쩌면 우리가 알아채지 못할 뿐, 대형 혜성이 지구 가까이 다가왔을지도 모르는 일이랍니다.

T. 러브조이가 2013년 발견한 러브조이 혜성
★ 가이다 고원(나가노)

러브조이 혜성

★column 7★

혜성은 불길한 징조인가요? 좋은 징조인가요?

혜성은 불규칙적으로 나타나서 환한 빛을 내뿜어요. 옛날 사람들은 혜성의 정체를 몰랐기 때문에 유럽 곳곳에서는 혜성을 '나쁜 일이 일어날 징조'라고 여겨 두려워했다고 해요. 한편, 와인 제조업자들 사이에서는 '혜성이 나타나면 기온이 올라가 포도주가 익는다'는 믿음이 있었다고도 해요. 포르투갈에는 1811년에 혜성이 나타나자 '1811년 대혜성 와인'이라는 상표의 와인을 판매하여 큰 인기를 끌었다는 기록이 남아 있어요.

Q

'유성'과 '혜성'은
똑같은 별인가요?

★ 구시로 습원(홋카이도)

A

'유성'과 '혜성'은 다르답니다.

우주의 먼지가 지구의 대기에 부딪혀서
빛이 나는 현상을 유성이라고 해요.

'유성'과 '혜성'은 똑같은 별인가요?

유성은 사실 지구에서 일어나는 현상이에요.

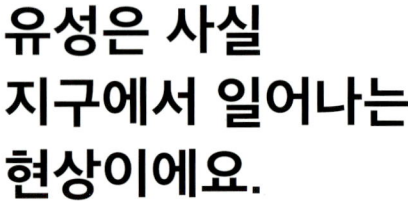

유성은 우주에서 움직이는 별이 아니에요.
지구에서 일어나는 현상이지요.
우주에 떠다니던 티끌이 지구의 대기와 충돌하며 뿜어내는 빛이 유성이랍니다.

Q1 우주의 먼지는 얼마나 큰가요?

1년 동안 지구로 떨어지는 먼지가 수백 톤에 이른다고 해요.

A 지름이 수 밀리미터에서 수 센티미터인 것까지 다양해요.

매일 셀 수 없을 만큼 많은 양의 우주 먼지가 지구의 대기와 충돌하고 있어요. 공기가 맑은 날 밤하늘을 올려다보면 유성 몇 개쯤은 발견할 수 있을 거예요.

Q2 유성은 얼마나 빠른가요?

매우 밝은 유성을 '화구'라고 한답니다.

A 초속 수 킬로미터에서 수십 킬로미터의 속도로 떨어진다고 해요.

★ column 8 ★

유성을 향해 세 번 소원을 빌면 그 소원이 이루어지나요?

신이 하늘의 뚜껑을 열어서 세상을 내려다볼 때, 그 틈새에서 하늘의 빛이 새어 나온대요. 하늘에서 빛이 보일 때 세 번 소원을 빌면 신이 그 소원을 들어준다는 전설이 있어요. 그 틈새에서 새어 나온 빛이 유성이지요.

중앙아시아에서 오랫동안 전해 내려오는 이야기예요.

Q3 운석도 유성인가요?

A 유성이 지상에 떨어지면 운석이 된답니다.

미처 다 타지 못하고 지상에 떨어진 유성을 '운석'이라고 해요. 약 6500만 년 전에 지름이 10km나 되는 운석이 지구에 떨어져서 공룡이 멸종했다고 해요.

미국의 애리조나 주에 있는 애리조나 운석공이에요. 지름은 약 1.2km, 깊이는 약 170m예요. 약 5만 년 전에 지름이 수십 미터에 이르는 운석이 떨어져서 생성된 것으로 추측하고 있어요.

유성은 '별똥별'이라고도 불려요.
★ 마슈코 호수(홋카이도)

Q4 유성 외에도 밤하늘에서 빛을 내며 움직이는 물체가 있나요?

A 국제 우주 정거장ISS이나 인공위성이 움직이는 것을 볼 수 있어요.

★후지 산(야마나시·후쿠오카)

국제 우주 정거장은 지상에서 약 400km 위에 떠 있는 우주의 연구 시설이에요. 시속 2만 8000km로 지구 주위를 돌고 있지요.

★미나미보소(치바)

인공위성은 해뜨기 전이나 해가 지고 난 후 어두운 하늘에서 관찰할 수 있어요.

페르세우스자리 유성우
★ 다로산(도야마)

Q

그렇다면, '유성'과 '유성우'는
어떻게 다른가요?

A

유성 중에 밤하늘의
어느 한 지점에서 빛이
흩어지는 것처럼 보이는
현상을 유성우라고 해요.

매년, 정해진 시기에 나타나기도 하지요.

그렇다면, '유성'과 '유성우'는 어떻게 다른가요?

밤하늘을 수놓은 유성우는 혜성이 남기고 간 흔적이에요.

유성은 우주에 떠다니는 먼지가 지구의 대기와 부딪히며 빛을 내는 현상이에요.
그중에서도 하늘의 어느 한 지점에서 빛이 사방으로 흩어지는 것처럼 보이는 현상을 유성우라고 해요.
그리고 그 한 지점을 '복사점'이라고 부른답니다.
유성우는 혜성이 남기고 간 수많은 티끌로 이루어져 있어요.

Q1 | '○○자리 유성우'는 그 별자리에서 떨어지는 유성인가요?

A | 그렇지 않아요. 그 별자리 방향에서 떨어지는 것처럼 보일 뿐이랍니다.

예를 들어 '페르세우스자리 유성우'란, '페르세우스자리에서 떨어지는 것처럼 보이는 유성우'예요.
페르세우스자리의 별이 우리가 볼 수 있는 곳으로 떨어지는 것이 아니랍니다.

페르세우스자리 유성우

매년 8월 13일 무렵 최고조에 이르지요.
★ 마슈코 호수(홋카이도)

Q2 | 유성우는 왜 매년 같은 시기에 나타나나요?

A 혜성이 남기고 간 먼지를 지구가 매년 같은 시기에 통과하기 때문이에요.

지구가 1년에 걸쳐 태양 주위를 한 바퀴 돌 때 이미 밝혀진 혜성의 먼지가 남아 있는 부분을 통과하면서 유성우가 발생해요. 어떤 혜성의 먼지에서 발생하는지에 따라 유성우가 달라지며 발생하는 시기도 전부 다르답니다. (자세한 내용은 193쪽에서 설명하고 있어요.)

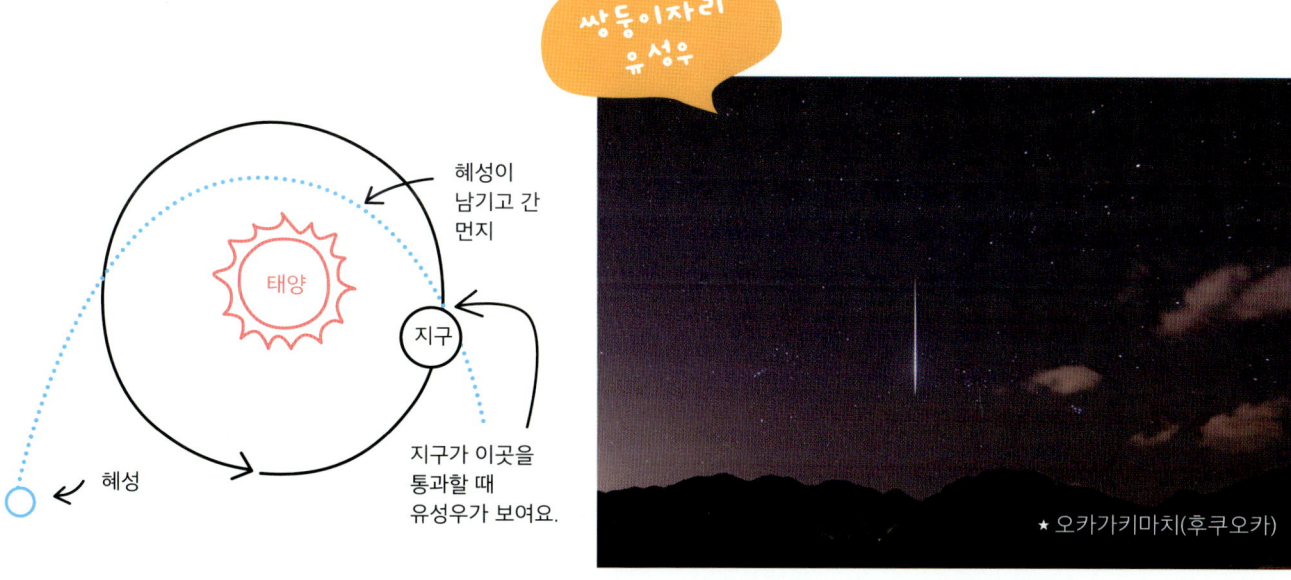

★ 오카가키마치(후쿠오카)

매년 12월 14일 무렵에 유성우가 최고조에 이르러요. 이 시기에는 밤 9시 즈음에 쌍둥이자리를 쉽게 관찰할 수 있으니 같이 찾아보는 것도 좋겠네요.

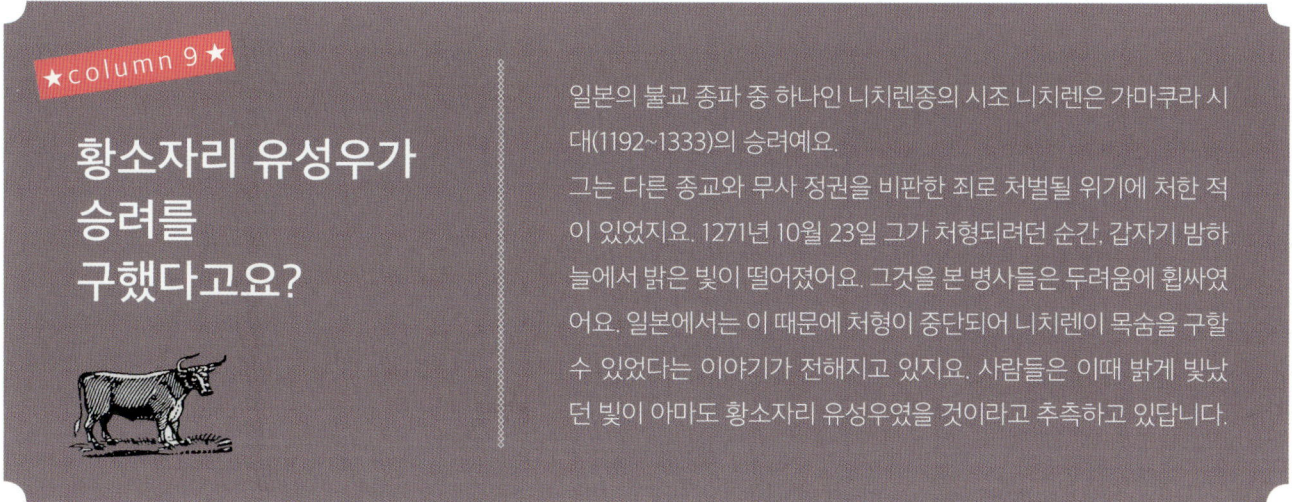

★ column 9 ★

황소자리 유성우가 승려를 구했다고요?

일본의 불교 종파 중 하나인 니치렌종의 시조 니치렌은 가마쿠라 시대(1192~1333)의 승려예요.

그는 다른 종교와 무사 정권을 비판한 죄로 처벌될 위기에 처한 적이 있었지요. 1271년 10월 23일 그가 처형되려던 순간, 갑자기 밤하늘에서 밝은 빛이 떨어졌어요. 그것을 본 병사들은 두려움에 휩싸였어요. 일본에서는 이 때문에 처형이 중단되어 니치렌이 목숨을 구할 수 있었다는 이야기가 전해지고 있지요. 사람들은 이때 밝게 빛났던 빛이 아마도 황소자리 유성우였을 것이라고 추측하고 있답니다.

★ 다치야마 산(도야마)

Q
별은 최후에
어떻게 되나요?

A

항성은 폭발하면서
마지막을 맞이하기도 해요.

예를 들어 오리온자리의 베텔게우스는
지금도 폭발할 가능성이 높다고 해요.

베텔게우스

별은 최후에 어떻게 되나요?

> ### 예전에 붉고 밝게 빛났던 별을 이제는 찾아볼 수 없을지 몰라요.
>
> 베텔게우스의 수명은 약 1000만 년으로, 그 수명이 거의 끝나간다고 해요.
> 베텔게우스는 지구에서 빛의 속도로 약 640년을 가야 할 만큼(약 640광년) 떨어져 있기 때문에 어쩌면 이미 폭발했을지도 모르겠네요.
> 오늘 폭발했다고 해도 그 빛이 지구에 도달하는 것은 640년 후일 테니까요.

Q1 | 베텔게우스는 어떤 별인가요?

A | 지구보다 약 10만 배나 큰 붉은색 별이에요.

지름이 약 14억km로 태양보다 1000배 크고 지구보다 10만 배나 큰, 가스로 이루어진 별이에요. 폭발이 가까워진 별은 커다랗게 팽창하고 색도 붉어진답니다. 그런 별 중에 특히 커다란 별을 '적색 초거성'이라고 하는데, 베텔게우스가 이 상태의 별이랍니다.

베텔게우스와 지구는 약 640광년 떨어져 있어요. 우리는 640년 전, 즉 고려의 장군 이성계가 조선을 세우려던 시기에 반짝였던 베텔게우스의 별빛을 보고 있는 셈이랍니다.

Q2 | 별은 어째서 폭발하나요?

A | 자신의 무게를 지탱하지 못하기 때문이에요.

별은 중심부의 핵융합으로 인해 팽창하는 힘과, 중심을 향하는 힘(중력)이 균형을 이루면서 계속해서 빛나지요. 하지만 오랜 시간이 흘러 핵융합을 멈추면 팽창하는 힘은 없어지고 중력만 남아요. 결국 자신의 무게를 버티지 못하고 단숨에 무너지면서 그 반동으로 폭발이 일어나는 것이지요. 이러한 현상을 '초신성 폭발'이라고 합니다.

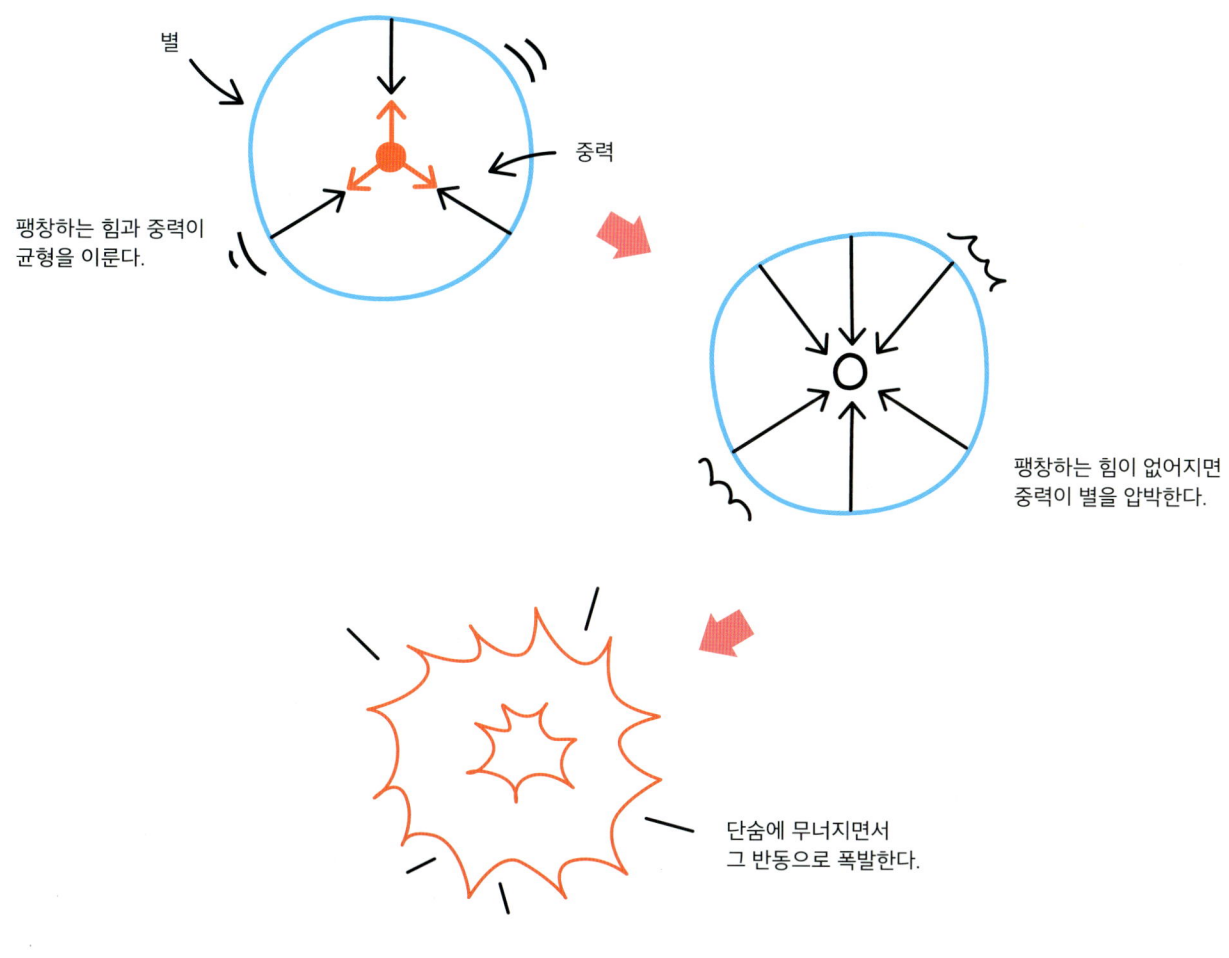

Q3 | 베텔게우스가 폭발하면 어떻게 되나요?

A | 보름달이 떴을 때처럼 환해질지도 몰라요.

만약, 베텔게우스가 폭발한다면 우리는 밤하늘에서 믿기 어려울 정도의 밝은 빛을 보게 될 거예요. 그 밝기는 낮의 파란 하늘에서도 보일 정도라고 해요. 별의 온도 역시 높아져서 붉은색에서 파란색으로 변할 테고요. (별은 온도가 높으면 파랗게, 온도가 낮으면 붉게 빛나요.) 폭발하고 3개월 정도가 지나면 점점 어두워지고 붉어지며, 결국 4년 후에는 맨눈으로 관찰할 수 없을 정도가 된다고 합니다.

겨울철 밤하늘을 대표하는 별자리인 오리온자리
★ 다이코쿠다케(나가노)

Q4 | 이미 폭발한 별도 있나요?

A | 과거에 폭발했다고 여겨지는 별이 확인되고 있어요.

중국 송나라의 역사책에 '송나라 인종 지화 원년 음력 5월에 객성 하나가 남동쪽에 나타났다. 이 별은 한낮에도 볼 수 있었고 그 빛깔은 붉은 기운이 도는 백색이었다.'는 기록이 있어요. 하지만 여기에서 말하는 객성은 '나타난 것'이 아니라 '폭발한 것'이라는 설이 일반적이에요. 이 별빛은 아마도 황소자리에 있던 별이 폭발한 것이라고 여겨지고 있어요. 지금도 초속 1000km로 확산하고 있는 그 폭발의 잔해는 '게성운'이라고 불린답니다.

게성운

Q5 | 지구도 마지막에는 폭발하나요?

A | 지구는 스스로 폭발하지는 않을 거예요.

천문학자들은 커다랗게 팽창한 태양이 지구를 집어삼킬 거라고 예측하고 있어요. 태양의 수명은 약 100억 년으로, 지금까지 약 47억 년이 지났다고 해요. 결국 태양도 베텔게우스처럼 엄청나게 커질 거라고 추측하고 있어요.

절경!
밤하늘이 아름다운 관광지

일본의 관광지 중에 밤하늘이 아름다운 곳을 소개합니다.
관광과 음식을 즐긴 후에 별빛 가득한 밤하늘을 감상하는 건 어떨까요?

밤하늘이 아름다운
관광지

오제 (후쿠시마·니가타·군마)

안개가 많은 오제에서는 '백홍'이라고 하는 신비한 현상을 볼 수 있어요. 백홍은 안개의 물방울이 달빛을 반사해서 생기는 현상이에요. 물방울이 작아서 빛을 분산시키지 못해, 그림처럼 일곱 색깔이 아닌 흰색 무지개가 나타난답니다. 참고로 사진에서 가장 밝게 빛나는 별은 목성이에요.

Q
'우리 은하'와 '태양계'는 어떻게 다른가요?

이 사진에서 가장 밝게 빛나는 별이 금성이에요.
금성은 태양계의 행성 중 하나랍니다.
★ 아키요시디이(야마구치)

A

우리 은하 안에
태양계가 존재해요.

태양계에는 지구와 금성 등
태양 주위를 도는 행성이 있어요.

'우리 은하'와 '태양계'는 어떻게 다른가요?

지구에서 가장 가까운 행성도 밤하늘에서는 작은 점으로 보여요.

태양계에는 태양 인력의 영향을 받는 천체가 모여 있어요.
지구, 수성, 금성, 화성, 목성, 토성, 천왕성, 해왕성과 같은 행성을 포함하고 있지요.

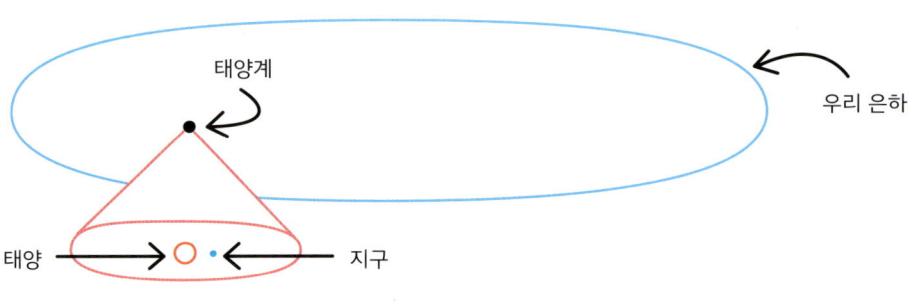

Q1 | 태양계의 행성은 몇 개인가요?

A | 예전에는 9개였지만, 지금은 8개예요.

예전에는 명왕성도 태양계의 행성으로 포함시켰어요. 하지만 해왕성 바깥쪽에 명왕성과 비슷한 크기의 천체들이 많다는 사실을 발견하고, 행성의 정의를 새롭게 내렸지요. (49쪽을 참고하세요.) 2006년에 명왕성은 행성에서 왜행성으로 바뀌었어요. 참고로 2015년 10월에는 명왕성에서 파란 하늘과 얼음의 존재를 확인하여 큰 화제가 되었답니다.

하트 모양이 보여요.

명왕성

Q2 | 언젠가 지구 외에 다른 행성에 갈 수 있을까요?

A | 가까운 미래에 인류가 화성에 발을 내딛는 순간이 올 거예요.

인류가 처음 달에 착륙한 것은 1969년의 일이에요. 그리고 현재 주목받고 있는 곳은 화성이랍니다. 화성이라고 하면 더울 것 같은 느낌이 들지만, 평균 기온은 영하 50°C 정도예요. 화성의 흙에는 산화철이라고 하는 붉은 녹이 포함되어 있어요. 2015년 9월에는 화성에 물이 흐르고 있는 증거를 발견하여 생명이 존재할 것이라는 기대를 높이기도 했지요. 미국은 2030년 중반까지 사람을 태운 탐사기를 화성에 착륙시킨다는 계획을 2010년에 발표하기도 했답니다.

화성의 오른쪽에서 빛나는 별은
봄의 대삼각 중 하나인 스피카(처녀자리)예요.
★ 센조지키(와카야마)

★ column 10 ★

'화성인'은 왜 문어처럼 묘사되나요?

지금으로부터 100년도 더 전에, 《조선, 고요한 아침의 나라》라는 책의 저자로도 잘 알려진 미국의 천문학자 퍼시벌 로웰(1855~1916)이 '화성에는 운하가 있으며, 그것은 화성인이 만든 게 틀림없다'는 주장을 했어요. 그 후 사람들이 화성에 관한 이야기에 열광할 무렵, 영국의 소설가 H·G 웰즈(1866~1946)는 1898년에 화성인이 지구를 침략하는 SF 소설 《우주 전쟁》을 발표했어요. 이 소설에 묘사된 화성인의 그림이 널리 알려지게 된 것이랍니다.

이런 모습이에요.

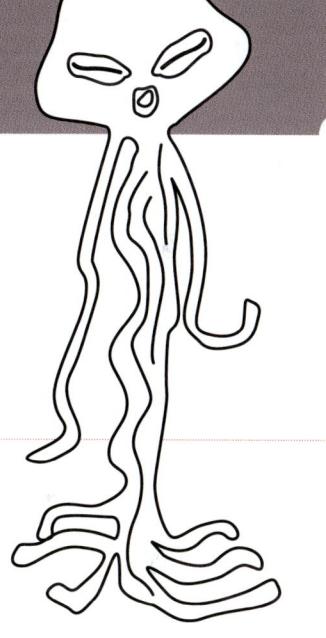

Q3 | 태양계에는 행성만 존재하나요?

A | 달과 혜성도 태양계에 속해 있어요.

달이나 혜성 외에도 명왕성 같은 왜행성이나 암석으로 이루어진 소행성도 태양계에 속해 있어요. 화성과 목성 사이에도 많은 소행성이 존재하며 이를 '소행성대'라고 부른답니다.

Q
별은 왜
반짝이나요?

이 사진에서 가장 밝게 빛나는 별은 목성이에요.
★ 가고시마 만과 사쿠라지마 섬(가고시마)

A

지구 대기의 영향을 받기 때문이에요.

별은 왜 반짝이나요?

강한 바람이 불면 더 반짝이는 별을 만날 수 있을 거예요.

밤하늘의 별은 언뜻 점처럼 보이기도 해요. 하지만 이 빛을 자세히 관찰해 보면 반짝반짝 빛나고 있다는 사실을 알 수 있지요. 이는 지구 대기의 영향으로 별빛이 굴절되어 보이기 때문이에요. 대기가 없는 우주에서 보면 별은 반짝이지 않는답니다.

대기가 안정되어 있을 때

반짝반짝

바람이 불어 대기가 복잡하게 움직이고 있을 때

행성보다 항성이 더 반짝반짝 빛나요. 항성은 행성보다 훨씬 멀리 떨어져 있으며, 빛이 점처럼 지구에 도달하므로 대기의 영향을 쉽게 받기 때문이지요.
★ 와시가미네(나가노)

Q1 | 별은 왜 빛나는 걸까요?

A | 항성과 행성이 빛나는 이유는 다르답니다.

항성은 중심부에서 핵융합을 일으키면서 빛을 내뿜어요. 반면에 행성은 항성의 빛을 반사해서 빛나는 것이랍니다.

자세한 내용은 44쪽과 50쪽에서 설명하고 있어요.

Q2 | 별의 밝기에도 등급이 있나요?

A | '1등성', '2등성'과 같이 나타내요.

눈으로 겨우 확인할 수 있는 별은 6등성이에요. 1등성은 밝기가 6등성의 100배에 이르는 별이에요. 숫자가 하나 작아질수록 약 2.5배씩 밝아지지요.

1등성보다 밝은 별은 더욱 작은 숫자인 '0, -1, -2……'라고 표기해요. 요즘은 옛날보다 더 정확하게 밝기를 측정할 수 있어서 소수점을 이용해 자세히 표기한답니다.

★ 코마가네 고원(나가노)

여름의 대삼각은 거문고자리의 베가, 독수리자리의 알타이르,
백조자리의 데네브가 이루는 가상의 삼각형이랍니다.

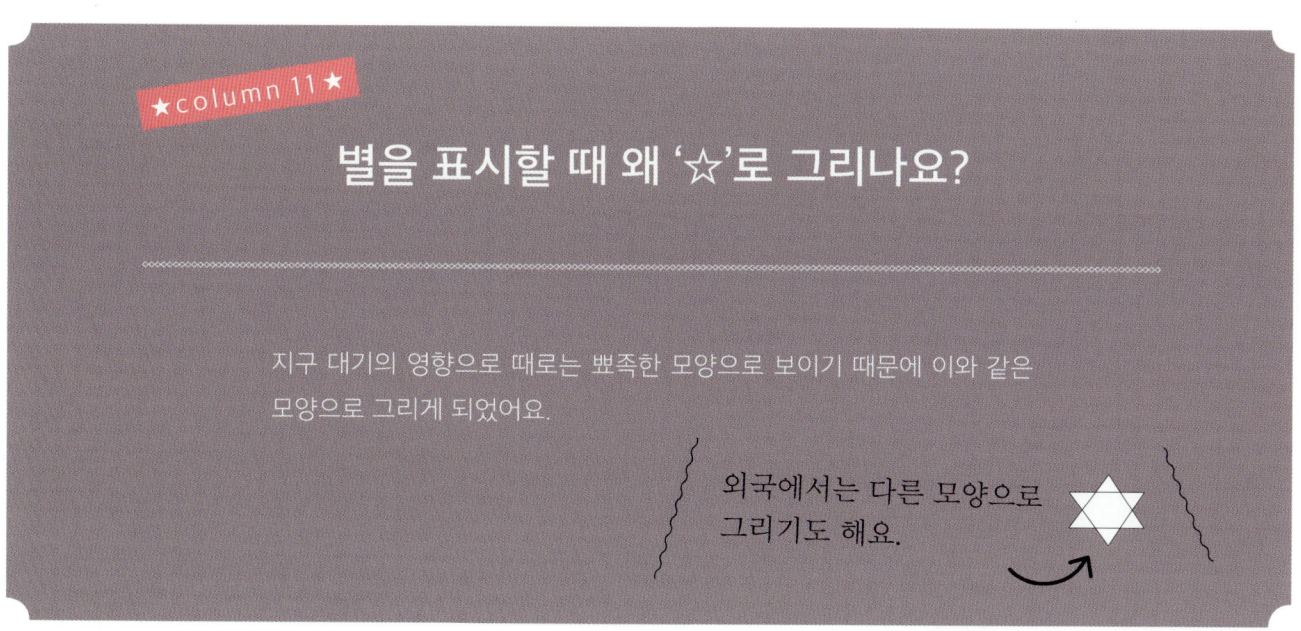

보름달은 -13등성 정도의 밝기예요.

★ 히타치나카 시(이바라키)

금성이 밝게 빛날 때는 -4.7등성,
초승달은 대략 -7등성의 밝기예요.

★ column 11 ★

별을 표시할 때 왜 '☆'로 그리나요?

지구 대기의 영향으로 때로는 뾰족한 모양으로 보이기 때문에 이와 같은 모양으로 그리게 되었어요.

외국에서는 다른 모양으로 그리기도 해요. ✡

Q

별자리의 별 중에
가장 밝은 별은
무엇인가요?

★ 오아라이(이바라키)

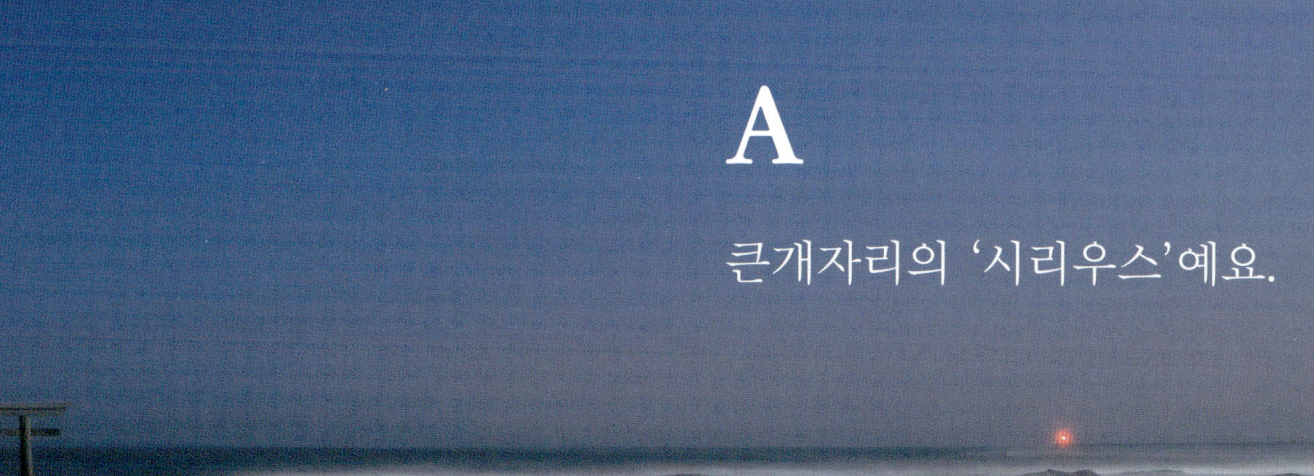

A

큰개자리의 '시리우스'예요.

별자리의 별 중에 가장 밝은 별은 무엇인가요?

오리온자리는 1등성인 별을 두 개나 가지고 있는 밝은 별자리예요. 그런데 오리온자리보다 더 환하게 빛나는 별이 있어요.

큰개자리의 으뜸별인 시리우스는 겨울철 밤하늘을 대표하는 별이에요. 청백색으로 빛나며 별자리 중에 가장 밝은 빛을 낸답니다.

Q1 시리우스Sirius의 뜻은 무엇인가요?

A 그리스어로 '불타오르는'이라는 뜻이라고 해요.

'반짝반짝'보다는 번쩍이는 느낌이에요.

★column 12★

시리우스는 왜 도그 스타Dog star라고 불리는 건가요?

서양에서는 여름의 가장 더운 시기를 '도그 데이즈Dog days'라고 불러요. 지중해 연안의 유럽 국가들은 새벽 동이 틀 무렵 태양과 시리우스가 동시에 보이는 날을 전후로 해서 가장 더웠다고 해요. 그래서 '도그 스타Dog star'라고 불리게 된 것이지요. 고대 이집트에서는 매년 여름 해가 뜨기 전에 이 별이 동쪽 하늘에서 보이면 나일 강이 범람한다고 믿어 개를 잡아 별에게 제사를 지냈다고 해요.

Q2 별자리 중에 두 번째로 밝은 별은 무엇인가요?

A 용골자리의 카노푸스예요. 한국과 중국에서는 카노푸스를 노인성老人星이라고도 불러요.

시리우스

카노푸스는
-0.7등급의 밝기

카노푸스

한국에서는 남쪽의 수평선 근처(제주 일부 지역)에서 드물게
관찰할 수 있어요.

★ 구보시로 댐(후쿠오카)

시리우스는 -1.5등성의 밝기예요.
★ 야마나카 호수(야마나시)

Q3 | '별자리 중에 가장 밝은 별'과 '밤하늘에서 볼 수 있는 가장 밝은 별'은 다른가요?

A | 네, 다르답니다.

밤하늘에서는 별자리의 별(항성) 외에 행성도 빛나고 있어요. 별자리에서 가장 밝은 별은 -1.5등성인 시리우스이지만, 행성인 금성이 더 밝은 빛을 내며 빛나고 있지요. 금성은 지구와의 거리에 따라 밝기가 달라지지만, 가장 밝을 때는 -4.7등성의 밝기로 빛난답니다.

★ 가미코치(나가노)

Q
별마다 색이 조금씩
다른 이유는
무엇인가요?

A

별의 색이 다른 이유는 표면 온도가
다르기 때문이에요.

별마다 색이 조금씩 다른 이유는 무엇인가요?

색의 차이는 곧 온도의 차이예요.
붉은색보다 파란색이 온도가 높아요.

밤하늘의 별을 관찰하다 보면 별마다 색이 다르다는 사실을 알 수 있지요.
붉은색이 더 뜨거울 거라고 생각하기 쉽지만, 실제로는 청백색의 온도가 더 높아요.
별은 나이를 먹을수록 온도가 낮아져서 붉게 변한답니다.

Q1 | 청백색 별은 몇 도인가요?

A | 가장 밝은 별인 시리우스의 표면 온도는 약 1만°C예요.

청백색 별은 표면 온도가 높은 별이에요.

별자리의 별 중에 가장 밝은 시리우스(큰개자리) 외에도, 스피카(처녀자리) 등의 별이 청백색으로 빛나요. 스피카의 온도는 시리우스보다 높으며 1만°C가 넘는다고 해요.

 스피카

봄의 대삼각 중 하나인 스피카(처녀자리)는 청백색으로 보여요.
★체르마트(스위스)

Q2 | 그렇다면, 붉은색 별은 몇 도인가요?

A | 예를 들어 안타레스는 약 3500℃랍니다.

붉은색 때문에 중국에서는 '큰 불'이라고도 불리는 안타레스(전갈자리)의 온도는 태양의 절반 정도예요. 청백색인 시리우스는 약 1만℃, 황색인 태양은 약 6000℃, 붉은색인 안타레스는 약 3500℃이지요.

★ 쓰쿠바로다케(나가노)

Q₃ 붉은색인 화성도 안타레스와 온도가 비슷한가요?

A 화성이 붉은 이유는 지표면이 붉기 때문이에요. 온도와는 아무런 상관이 없답니다.

화성과 금성 같은 행성의 색은 온도와 관계가 없어요. 행성은 스스로 빛을 내지 않고 태양 빛을 반사하여 빛나기 때문에 온도에는 영향을 받지 않지요. 참고로 목성은 가스로 이루어진 별이어서 황색으로 보여요. 금성은 이름처럼 금색으로 반짝인답니다.

★ 센조지키(와카야마)

Q₄ 지구는 무슨 색인가요?

A 지구는 파란색으로 보여요.

지구 표면의 약 70%는 바다로 덮여 있어요. 또한 전체가 대기로 둘러싸여 있기 때문에 우주에서 보면 파랗게 보인답니다. 참고로 달에서 지구를 바라보면 지구에서 보는 달의 크기보다 지름이 4배 정도 크게 보인다고 해요. 이는 지구의 지름이 달보다 4배 정도 크기 때문이에요.

화성

Q
태양은 서쪽으로 질 때
붉게 물드는데,
별은 왜 붉어지지 않나요?

수평선에 보이는 작고 붉은 별이
카노푸스(용골자리)예요.
★ 가모다 곶(도쿠시마)

A
사실은 별도 살짝 붉어진답니다.

태양은 서쪽으로 질 때 붉게 물드는데, 별은 왜 붉어지지 않나요?

지평선 가까이에서는 붉게 물들어요. 태양도 별도 마찬가지랍니다.

카노푸스(용골자리)는 별자리의 별 중에 두 번째로 밝은 별이에요.
원래는 청백색으로 빛나는 별이지만, 한국이나 일본에서는 주로 지평선 가까이에서 자주 볼 수 있으며 석양과 같은 원리로 붉게 빛난답니다.

Q1 | 지평선 가까이에서는 왜 색이 붉어지나요?

A | 붉은색 빛이 멀리까지 도달하기 때문이에요.

색이 붉어지는 이유는 빛의 파장과 관련이 있어요. 파장이 길수록 대기의 영향을 받지 않아 빛이 멀리까지 도달하고, 파장이 짧을수록 도중에서 빛이 산란해 버리지요. 붉은색과 주황색은 파장이 길며, 보라색과 청색은 파장이 짧은 빛이에요. 낮에는 태양이 하얗게 보이지만 아침과 저녁에는 빛이 지구의 대기를 길게 통과하기 때문에 파장이 긴 붉은색과 주황색만이 지구에 도달해 붉게 보이는 것이랍니다.

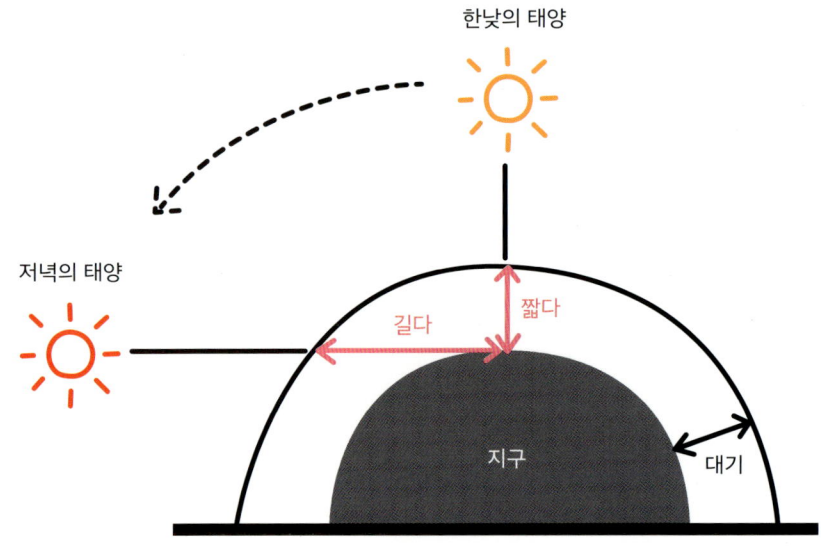

★ column 13 ★

카노푸스는 노인성인가요?

한국과 중국에서는 예로부터 카노푸스를 '남극노인성'이라고 불러 왔어요. 중국에서도 지평선 끝에서 아슬아슬하게 보이기 때문에 '남극노인별을 발견하면 장수할 수 있다'고 여겼던 것이지요. 일본에서는 칠복신(일곱 가지의 복을 준다고 하는 신)중에 장수의 신인 수노인을 카노푸스의 화신이라고 부른답니다.

★ 조가시마(가나가와)

시리우스

카노푸스

카노푸스는 북쪽 지역에서는 볼 수 없어요.
★ 다이코쿠다케(나가노)

Q₂ 그렇다면 달도 붉은색으로 변하나요?

A 달도 붉은색으로 변해요.

막 떠오르는 달
★ 아쓰미 반도(아이치)

Q
멀리 있는 별은
어둡게 보이나요?

A

거리가 멀어지면 밝은 별도
어둡게 보여요.

하지만 거리가 멀어도 밝게 보이는 별이 있는 반면,
가까워도 어둡게 보이는 별이 있어요.

사진에서 가장 밝은 시리우스(큰개자리)는
지구에서 가까우면서도 밝은 별이에요.
★ 초가다케산(나가노)

밤하늘에는 태양보다 밝은 별이 몇 개나 떠 있을까요?

밤하늘에 보이는 별의 밝기는 그 별이 '얼마나 밝은지'뿐만 아니라 '지구에서 얼마나 멀리 떨어져 있는지'와도 큰 연관이 있어요.

Q1 지구에서 멀리 떨어져 있지만 밝게 보이는 별은 무엇인가요?

A 데네브는 멀리 떨어져 있어도 밝게 보여요.

데네브(백조자리)는 지구에서 1000광년 이상 멀리 떨어져 있지만 무척 밝게 보이는 별이에요. 베가(거문고자리), 알타이르(독수리자리)와 함께 여름의 대삼각을 이루고 있지요. 참고로 별자리의 별 중 가장 밝은 시리우스는 지구에서 약 8.6광년 떨어져 있어요. 다른 항성과 비교하면 가까운 편이어서 더 밝게 보인답니다.

베가는 지구에서 약 25광년 거리에 있는 0등성이며
알타이르는 약 17광년 거리에 있는 0.8등성,
데네브는 1.3등성이에요.
★ 도노미네 고원(효고)

Q2 | 지구 가까이에 있지만 어둡게 보이는 별은 무엇인가요?

A | 백조자리 61번 별이 있어요.

백조자리 61번 별은 지구에서 약 11광년 떨어진 곳에 있으며 항성 중에 비교적 지구와 가까운 별이에요. 그렇지만 맨눈으로 겨우 확인할 수 있을 정도의 밝기랍니다.

백조자리 61번별은 5등성이에요.

★ 도노미네 고원(효고)

Q3 | 지구와의 거리는 별의 밝기에 얼마나 영향을 미치나요?

A | 거리가 2배 멀어지면 밝기는 4분의 1배 어두워져요.

예를 들어 밝기가 1인 별이 있다고 해 볼까요? 그 별의 거리가 2배 멀어지면 밝기는 4분의 1배로, 3배 멀어지면 밝기는 9분의 1배로 점점 어두워집니다.

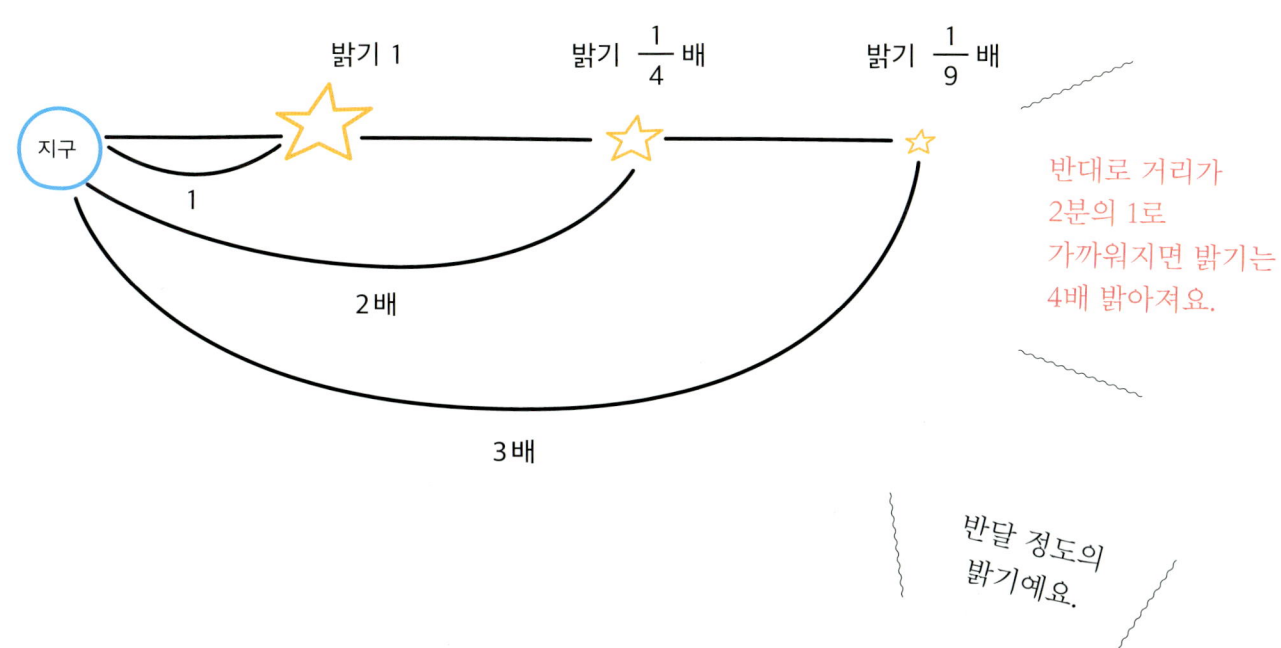

반대로 거리가 2분의 1로 가까워지면 밝기는 4배 밝아져요.

반달 정도의 밝기예요.

★ column 14 ★

만약 데네브가 백조자리 61번 별의 자리에 있었다면 어땠을까요?

데네브는 백조자리 61번 별보다 지구에서 100배는 더 멀리 떨어져 있어요. 데네브가 만약 백조자리 61번 별 자리에 있었다면 현재보다 100분의 1 이상 가까워지므로 적어도 100×100=1만 배는 더 밝아질 거예요.

Q
계절에 따라 볼 수 있는 별이 다른 이유는 무엇인가요?

2014년 4월 27일 1시 30분 무렵의 밤하늘
★ 소토보(치바)

A

지구가 태양 주위를
한 바퀴 도는 데
365일이 걸리기 때문이에요.

2015년 9월 13일 1시 30분 무렵의 밤하늘
★ 소토보(치바)

계절에 따라 볼 수 있는 별이 다른 이유는 무엇인가요?

오늘 밤하늘에 보이지 않는 별은 낮에 떠 있을지도 몰라요.

여름에는 전갈자리, 겨울에는 오리온자리처럼 계절에 따라 관찰하기 쉬운 별도 달라요.
그 이유는 지구가 태양 주위를 한 바퀴 도는 데 365일이 걸리기 때문이에요.
어느 계절이라도 태양 쪽에 있는 별은 보이지 않으며, 태양의 반대편에 있는 별이 잘 보인답니다.

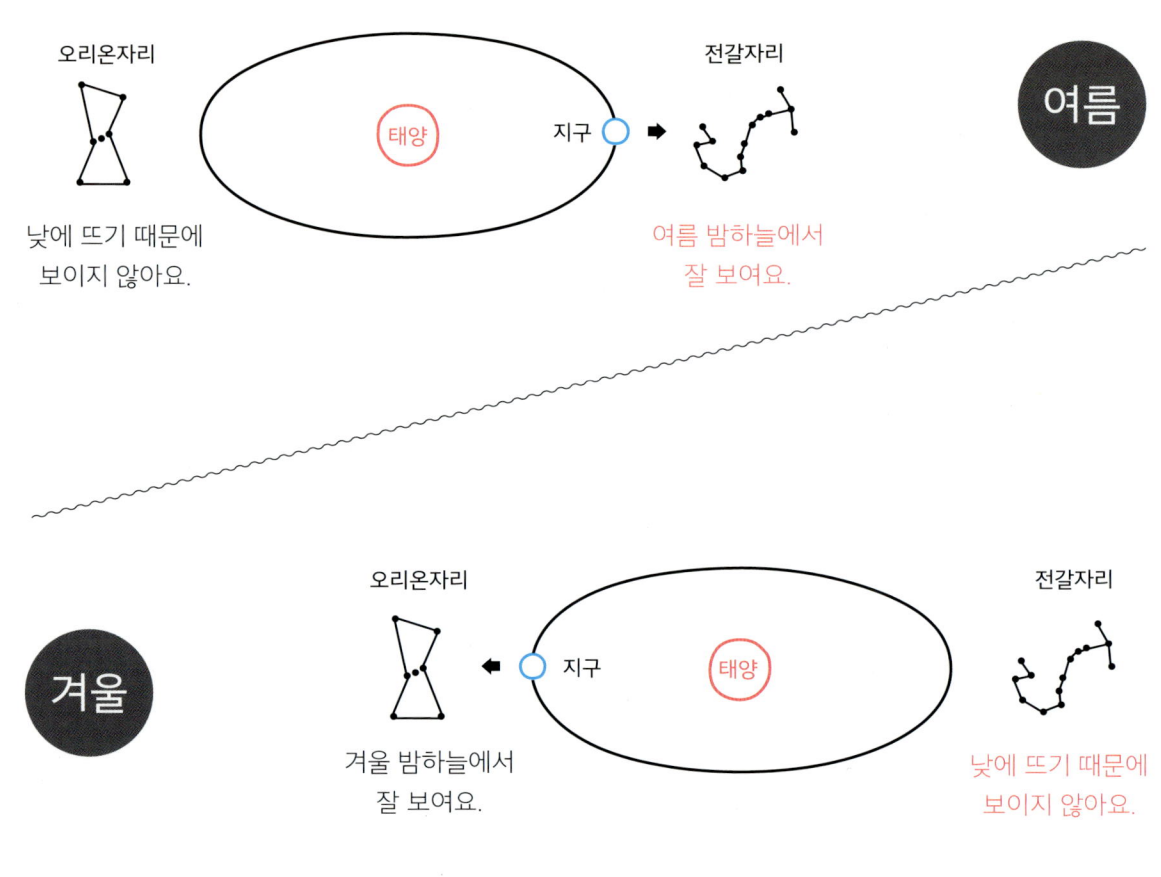

Q₁ 생일에는 왜 태어난 달의 별자리를 볼 수 없나요?

A 생일의 별자리는 그 계절에 태양 쪽에 있는 별자리이기 때문이에요.

내가 태어난 달의 별자리는 생일날 밤에 볼 수 없어요. 태어난 달에 태양과 겹쳐지는 별자리가 생일 별자리로 정해지기 때문이지요. 자신의 별자리를 보고 싶다면 생일이 되기 약 4개월 전, 밤 8시~9시 무렵에 남쪽 하늘을 관찰해 보세요.

2월 중순 밤 8시 무렵의 밤하늘

♒	물병자리	1/21 ~ 2/19
♓	물고기자리	2/20 ~ 3/20
♈	양자리	3/21 ~ 4/20
♉	황소자리	4/21 ~ 5/21
♊	쌍둥이자리	5/22 ~ 6/21
♋	게자리	6/22 ~ 7/23
♌	사자자리	7/24 ~ 8/23
♍	처녀자리	8/24 ~ 9/23
♎	천칭자리	9/24 ~ 10/23
♏	전갈자리	10/24 ~ 11/22
♐	사수자리	11/23 ~ 12/22
♑	염소자리	12/23 ~ 1/20

※ 별자리 운세를 따지는 방법에 따라 날짜가 조금씩 달라지기도 해요.

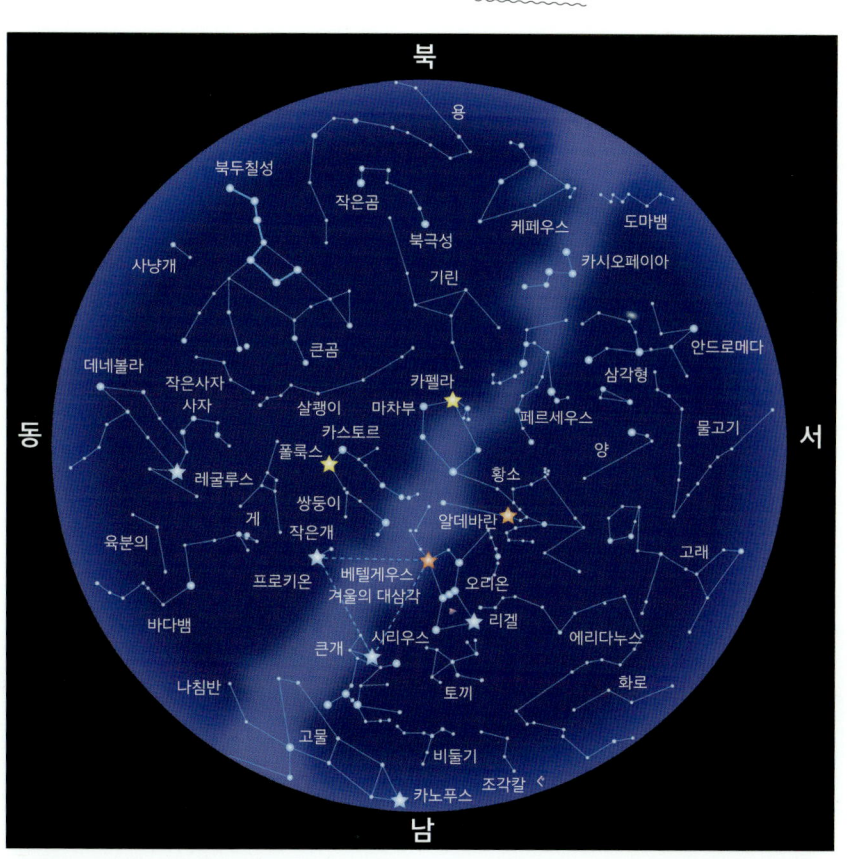

예를 들어 2월의 밤 8시 무렵에는 남쪽 하늘에서 쌍둥이자리가 보여요.

전갈자리
★ 에비노 시(미야자키)

Q₂ 생일이 가까운 사람들은 밤하늘의 별자리도 가깝나요?

A 생일이 가까우면 별자리도 가까이에 있어요.

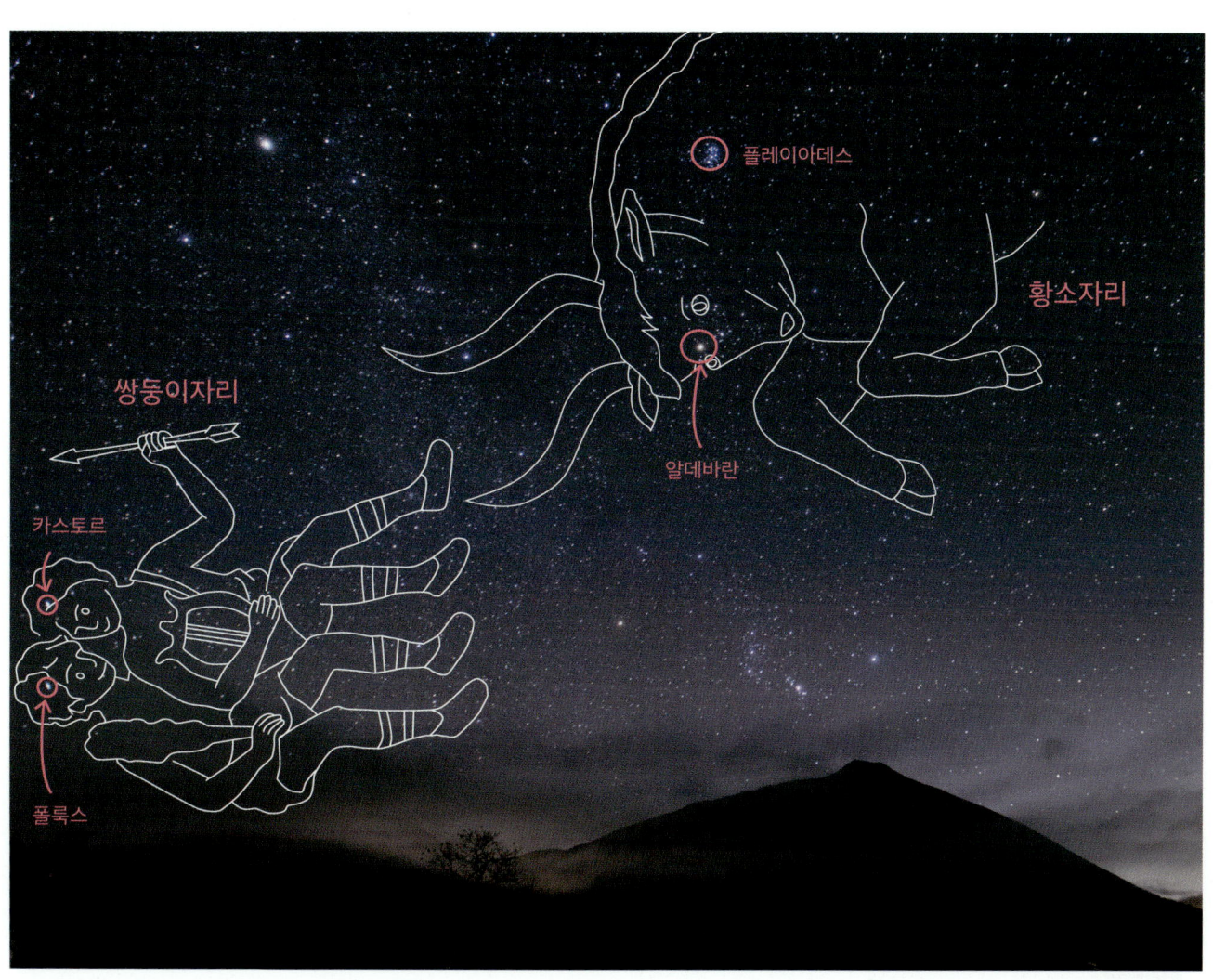

염소자리(4/21~5/21)와 쌍둥이자리(5/22~6/21)
★ 센조가하라(도치기)

Q
북극성의 위치는
언제나 정북쪽인가요?

A
실제로는 조금씩 움직이고
있어요.

원형 중심부의 굵은 선이 북극성이 움직인
자리예요. 북극성은 거의 정북 방향에 있지만,
사진에서처럼 조금씩 움직이고 있지요.
★ 멕시간햇(미국)

북극성의 위치는 언제나 정북쪽인가요?

하루 종일 지지 않고 일 년 내내 밤하늘에 빛나는 별이 있어요.

지구는 하루에 한 번씩 자전을 하기 때문에 밤하늘의 별이 움직이는 것처럼 보여요.
하지만 지구의 자전축 앞, 예를 들어 북극 바로 위쪽에 가까운 별은 가까운 별은 지구가 자전을 해도 거의 움직이지 않는 것처럼 보이지요. 그런 별 중 하나가 북극성이에요.
북극성은 북극 바로 위에서 빛나는 별이에요.
따라서 북극성이 보이면 북쪽이 어디인지 알 수 있지요.

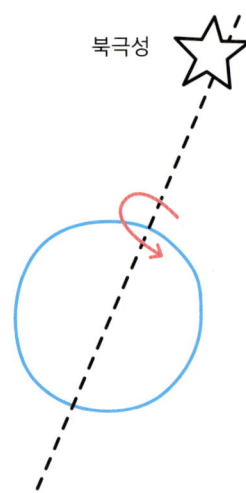

실제로는 자전축에서 조금 벗어난 곳에 위치하기 때문에 시간이 지나면서 아주 조금씩 움직이는 것처럼 보인답니다.

Q1. 지금의 북극성이 영원한 북극성인가요?

A 언젠가는 북극성의 자격을 잃게 됩니다.

지구의 자전축은 흔들리는 팽이의 축처럼 조금씩 기울기가 달라져요. 해를 거듭할수록 조금씩 축이 비틀어지므로 현재의 북극성이 더는 북극성이 아닌 시대가 온답니다.

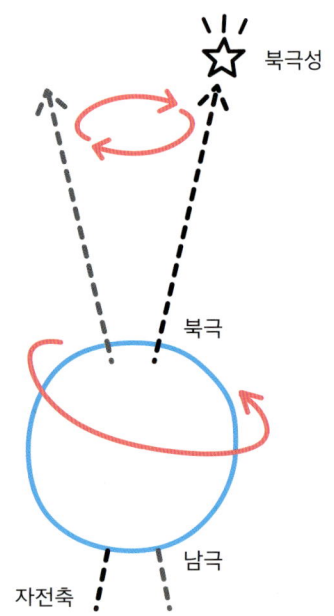

Q2 그렇다면 어떤 별이 북극성이 되나요?

A 약 1만 2000년 후에는 '베가'가 북극성이 된답니다.

지금으로부터 8000년 후에는 데네브가, 1만 2000년 후에는 베가가 북극성이 된다고 해요. 대략 4800년 전에는 토반(용자리)이 북극성이었지요. 자전축이 회전하는 주기는 약 2만 6000년이기 때문에 2만 6000년 후에는 지금의 북극성이 다시 현재의 북극성 자리에서 빛나고 있을 거예요.

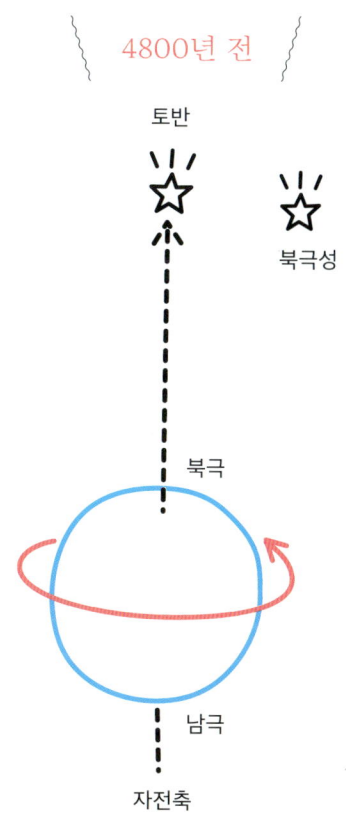

★ 덴구다이라(도야마)

현재는 밤하늘을 크게 돌고 있는 토반도 4800년 전에는 거의 정북쪽에 위치했답니다.

북두칠성과 카시오페이아자리는 북극성 주위를 돌고 있는 것처럼 보여요.
★ 아소(구마모토)

Q3 | 북극성이 있는 것처럼 남극성도 존재하나요?

A | 아직 남극성이라고 불리는 별은 나타나지 않았어요.

남극 바로 위에서 빛나는 별이 있다면 그 별이 남쪽을 찾을 수 있는 '남극성'이 되겠지요. 하지만 현재 남극 주변에는 남쪽의 표식이 될 만큼 밝은 별이 존재하지 않아요. 약 1만 2000년 후에는 별자리의 별 중 두 번째로 밝은 카노푸스(용골자리)가 정남쪽 가까이에서 빛날 테니 남극성이라고 불리게 될지도 모르겠네요.

★ 빅토리아 주(호주)

Q
나라마다 밤하늘에
보이는 별이 다른 이유는
무엇인가요?

★ 데가포(뉴질랜드)

A

올려다보는 하늘이 다르기
때문이에요.

나라마다 밤하늘에 보이는 별이 다른 이유는 무엇인가요?

여러분이 올려다보는 밤하늘과 세계 각지에서 올려다보는 밤하늘 모습은 다르답니다.

전 세계의 밤하늘에서 똑같은 별을 관찰할 수는 없어요.
남쪽 섬에서는 보여도 한국에서는 보이지 않는 별이 있지요.
또한 북극과 남극에서 같은 시간에 밤하늘을 올려다보더라도 밤하늘에는 전혀 다른 별이 반짝이고 있답니다.

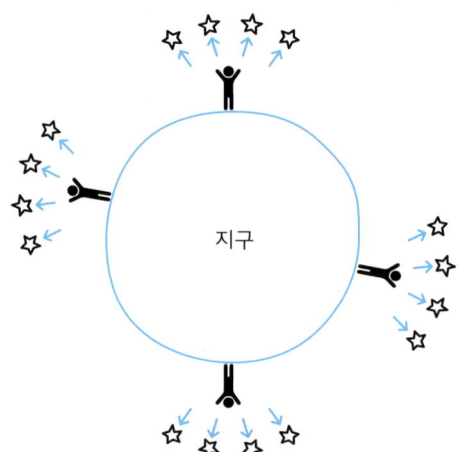

지역에 따라 밤하늘 모습이 달라져요.

남십자성

가짜 남십자성

남십자성 가까이에 '가짜 남십자성'이라고 하는 별의 배열을 볼 수 있어요.
★ 유우니(볼리비아)

Q1. 북반구와 남반구에서 보는 밤하늘의 별은 완전히 다른가요?

A. 북반구와 남반구에서 함께 관찰할 수 있는 별도 있어요.

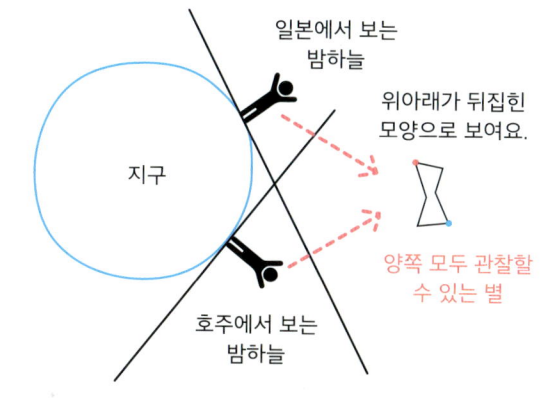

북반구에서 보는 오리온자리
★ 기타요코다케(나가노)

남반구에서 보는 오리온자리
★ 서호주 주(호주)

★column 15★

밤하늘 풍경은 위도에 따라 달라져요.

평소와 다른 밤하늘을 보고 싶다면 위도가 다른 나라로 가 보세요.

별의 모습은 정확히 말해 위도에 따라 달라져요. 시차가 나도 위도가 같으면 같은 날 밤 같은 별을 관찰할 수 있지요.
예를 들어 그리스나 이탈리아는 한국과 위도가 비슷하기 때문에 거의 똑같은 별을 관찰할 수 있답니다.

Q2. 한국에서는 좀처럼 볼 수 없는 유명한 별자리가 궁금해요!

A. '남십자자리'라고 하는 유명한 별자리가 있어요.

남십자자리는 남십자성으로도 불리며, 15세기 대항해 시대에는 방향을 알기 위해 이용되기도 했어요. 남반구 별인 파리자리, 카멜레온자리도 한국에서는 볼 수 없는 별자리랍니다.

절경!
밤하늘이 아름다운 관광지

밤하늘이 아름다운 관광지

쇼지코 호수 (야마나시)

후지 산과 호수에 거꾸로 비친 후지 산의 모습, 호수 위로 펼쳐진 무수한 별까지 세 가지 절경을 한꺼번에 감상할 수 있어요.

Q
달은 맨 처음
어떻게 탄생했나요?

★ 세스림(나미비아)

A

지구와 커다란 천체의 충돌로
생겨났다고 추측하고 있어요.

달은 맨 처음 어떻게 탄생했나요?

밤하늘에 떠 있는 달은 지구의 파편일지도 몰라요.

지구가 탄생한 것은 지금으로부터 약 46억 년 전이에요. 그리고 약 1억 년 후에 지구와 커다란 천체가 충돌하여 그 천체의 일부와 우주로 튀어 나간 지구의 일부가 합쳐져서 달이 되었다는 설이 유력해요. 당시 지구와 충돌한 천체는 지구의 절반 정도 되는 크기라고 하네요.

Q1 지구에서 달까지의 거리는 얼마나 되나요?

A 달은 지구에서 평균 38만km 떨어져 있어요.

만약 비행기(시속 1000km)로 간다면, 약 16일 후에 도착할 수 있는 거리예요. 지구의 지름은 1만 2700km이고, 달의 지름은 3500km 정도랍니다. 지구가 약 4배 정도 커요.

걸어가면 약 11년이 걸려요.

Q2 달의 표면은 어떤 상태인가요?

A 울퉁불퉁한 부분도 있어요.

눈으로 보면 달의 표면이 매끈해 보이지만, 망원경으로 달의 표면을 보면 많은 구멍을 관찰할 수 있어요. 그 구멍은 크레이터라고 하며, 오래전 달에 운석이 떨어져서 생긴 자국이라고 해요. 달에는 비나 바람이 없어서 수억 년 전에 생긴 크레이터도 처음 모습 그대로 남아 있지요. 또한 달에는 백두산(2744m)보다 높은 산도 있다고 해요.

Q3 | 달도 행성인가요?

A | 달은 지구의 위성이에요.

스스로 빛을 내는 별을 항성, 항성 주위를 도는 천체를 행성, 행성 주위를 도는 천체를 위성이라고 해요. 태양계의 행성 중에서는 지구, 화성, 목성, 토성, 천왕성, 해왕성에 위성이 있다는 사실을 확인했답니다.

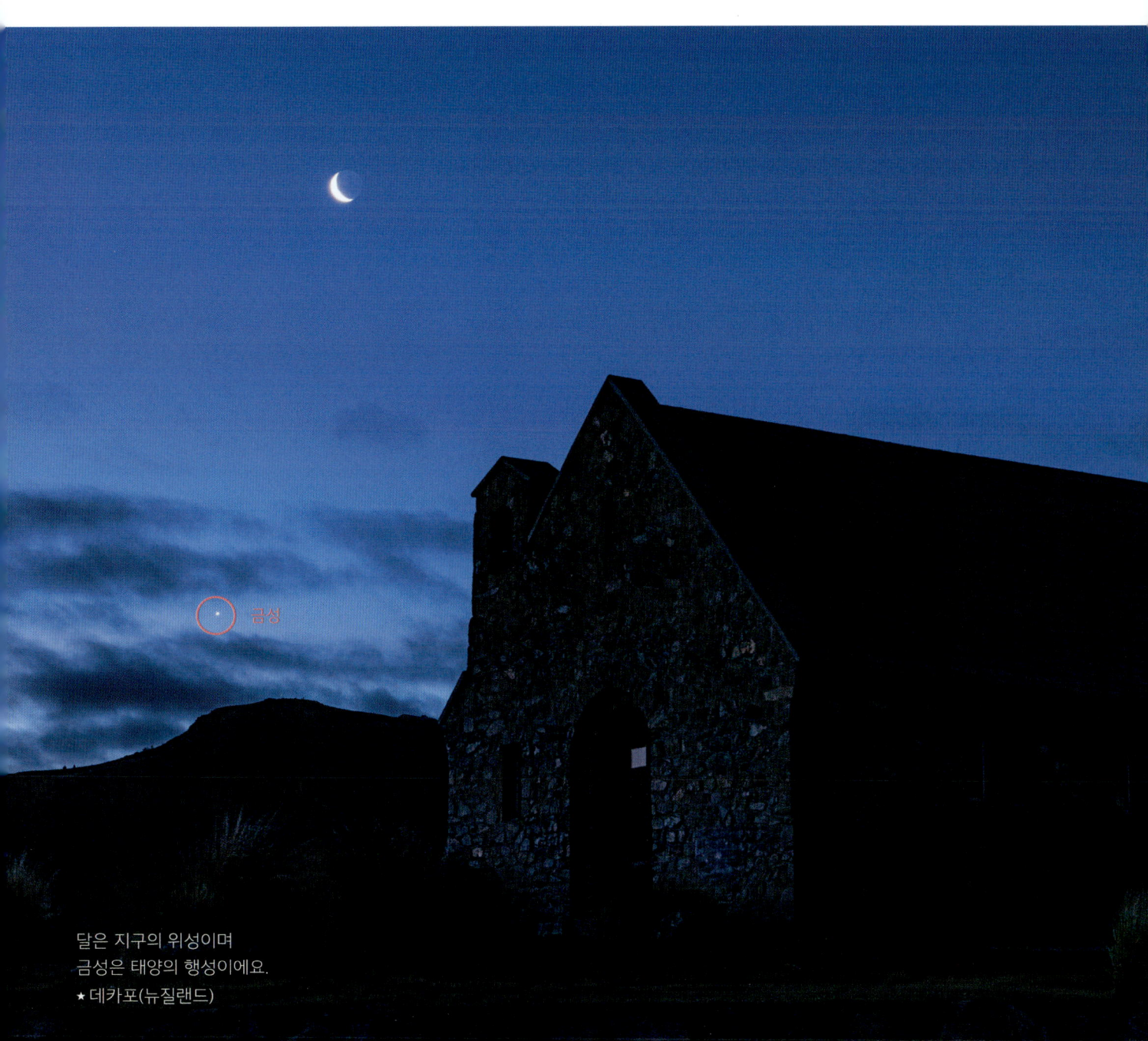

달은 지구의 위성이며
금성은 태양의 행성이에요.
★ 데카포(뉴질랜드)

달은 지구 30개를 늘어놓은 것만큼
지구에서 떨어져 있어요.
★ 비크(아이슬란드)

★column 16★

지구가 달을 비춰 준다고요?
'지구조' 현상

초승달이 뜨는 날, 달의 어둡고 둥그런 부분이 희미하게 비치는 모습을 본 적이 있나요? 이는 '지구조' 현상이에요. 지구가 조명을 비춘다는 뜻으로, 달이 지구의 빛을 받아 생긴 모습이지요. 지구에 도달한 태양 빛이 다시 반사되어 달을 비추면 달의 어두운 부분이 희미하게 보이는 현상이랍니다.

★ 노베야마 고원(나가노)

Q
달의 모양이
변하는 이유는
무엇인가요?

★ 이라고 곶(아이치)

A

달이 지구 주위를 돌고 있기 때문이에요.

달의 모양이 변하는 이유는 무엇인가요?

달이 차고 기우는 모습을 달력으로 사용하던 시대도 있어요.

달은 지구 주위를 돌고 있어요. 지구에서 봤을 때 달의 위치가 어디인지에 따라 달의 모양이 달라져요. 달이 차고 기우는 주기는 대략 30일이에요. 보름달이 뜬 날로부터 약 30일 후에는 밤하늘에서 다시 보름달을 볼 수 있어요.

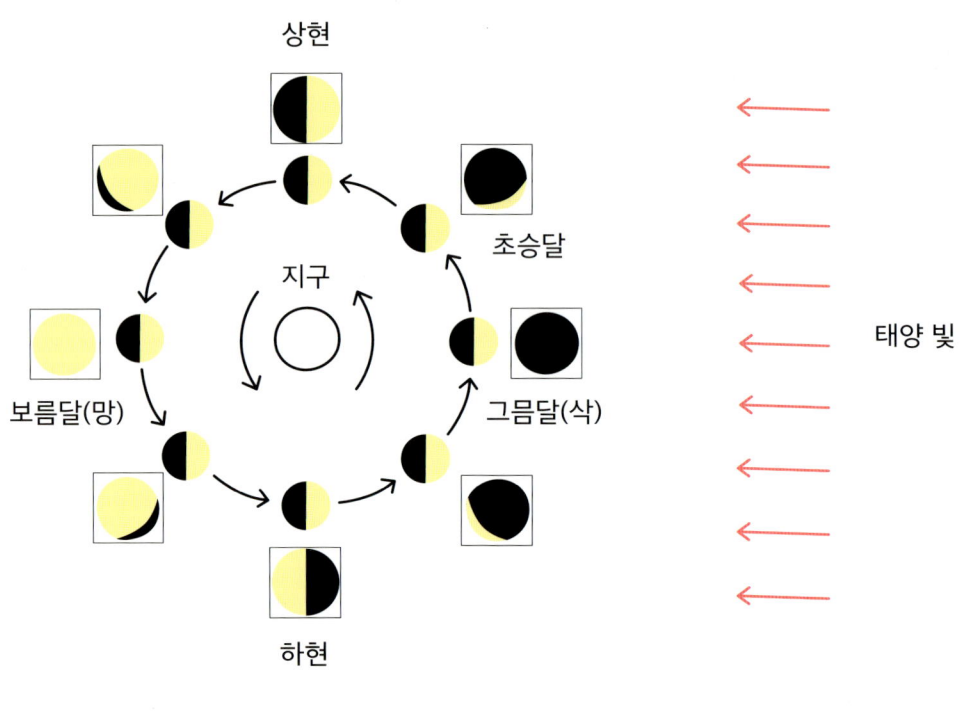

□ 는 지상에서 달을 본 모양

크루아상(Croissant)은 프랑스 어로
'초승달'을 뜻해요.
★ 우치보(치바)

Q1 초승달 외에 달의 명칭을 알고 싶어요.

A 그믐달, 상현달, 하현달 등의 이름이 있어요.

평소에는 전혀 보이지 않아요. 일식이 일어날 때만 볼 수 있답니다.

삭에서 약 7일이 지난 후에 볼 수 있는 반달이에요.

삭에서 약 22일이 지난 후에 볼 수 있는 반달이에요.

Q2 월식을 한마디로 말하면 무엇인가요?

A 달이 지구의 그림자 안으로 들어가서 가려지는 현상이에요.

월식은 태양-지구-달이 일직선에 놓였을 때 일어나요. 지구의 그림자가 달을 가려서 태양 빛이 달에 도달하지 않아 달이 가려져 보이는 것이지요. 즉 월식 때 어둡게 보이는 부분은 지구의 그림자인 셈이랍니다.

태양 빛을 지구가 차단해서 달이 가려져 보여요.
★ 이나사야마 산(나가사키)

Q3 일식을 한마디로 말하면 무엇인가요?

A 태양이 달에 가려져 보이는 현상이에요.

일식은 태양-달-지구가 일직선에 놓였을 때 일어나요. 태양과 달이 겹치면서 태양이 달에 가려지는 현상이지요. 일식 때 어둡게 보이는 부분은 그믐달일 때의 모습이랍니다.

★이스파한 시 교외(이란)

★ 가라마쓰 산 정상의 산장(나가노)

Q
월식 외에도 달에 관련된 신기한 현상이 있나요?

A
또 다른 신기한 현상이 있어요.

달 주위에 커다란 테두리가 보이는,
'달무리'라는 현상이 있지요.

월식 외에도 달에 관련된 신기한 현상이 있나요?

달의 매력은 달이 차고 기우는 모습에만 있는 것이 아니에요.

달 주위에 빛의 테두리가 생기기도 하며 엄청나게 커지거나 무지개가 보이는 일도 있어요.
보름달이 뜰 즈음에 생각지도 못한 달의 현상을 보게 될지도 몰라요.

Q1 | 달무리란 어떤 현상인가요?

A | 달 주위에 테두리가 보이는 현상이에요.

보름달에 가까운 밝은 달밤, 달에 옅은 구름이 드리워지면 달 주위에 빛의 테두리가 보일 때가 있어요. 이런 현상을 '달무리'라고 하지요. 달빛이 구름에 포함된 얼음 입자와 만나 반사·굴절되면서 발생한답니다.

참고로, 낮에도 태양 주위에 똑같은 현상이 일어나요. 이는 '햇무리'라고 하지요.

★ 우쓰쿠시가하라 고원(나가노)

Q2 | 달에 관련된 또 다른 현상이 있나요?

A | 슈퍼문이나 월홍과 같은 현상이 일어나기도 해요.

슈퍼문은 커다랗게 보이는 보름달이에요. 사실 지구에서 보는 달의 크기는 날짜에 따라 조금씩 달라지고 있어요. 달이 지구 주위를 타원형으로 돌고 있어서 지구에 가까워질 때와 멀어질 때가 있기 때문이지요. 지구에 가까워질 때 보이는 보름달을 '슈퍼문'이라고 해요.

슈퍼문

★ 히가시시라가와무라(기후)

클 때와 작을 때의 크기 차이는 대략 14%예요.

2014년 8월 11일   2015년 3월 6일

달무리는 구름에 포함된 얼음의 상태에 따라
테두리의 색이 변하기도 해요.
★ 기요사토 고원(야마나시)

월홍은 달빛의 영향으로 보이는 무지개예요. 달빛이 공기 중의 물방울에 반사·굴절되어 일곱 색깔로 보이는 현상이지요. 달이 가장 밝게 빛나는 보름달이 뜰 무렵, 비가 내린 다음이나 폭포 근처에서 볼 수 있어요. 다만 보름달은 한 달에 한 번만 뜨고, 물방울 등 다른 조건이 맞아야 하기 때문에 월홍을 쉽게 볼 수는 없답니다.

참고로 무지개는 영어로 'Rainbow(레인보)'라고 하며, 월홍은 'Moonbow(문보)'라고 해요.

달의 반대쪽에서 볼 수 있어요.

월홍

★ 빅토리아 폭포(짐바브웨·잠비아)

Q

달에 토끼가 산다는 전설은
세계 어느 곳이나 똑같나요?

★ 후지 산(야마나시·후쿠오카)

A

지역에 따라 다른 이야기가
전해진답니다.

달에 토끼가 산다는 전설은 세계 어느 곳이나 똑같나요?

달의 주인은
토끼뿐만이 아니에요.

달의 어둡게 보이는 부분은 달의 마그마가 굳어서 생겼다고 해요. 한국에서는 그 모양을 토끼에 빗댄 이야기가 널리 전해 내려오고 있지요.
세계 각지의 사람들은 다른 여러 가지 동물에 빗대어 이야기하기도 한답니다.

Q1 | 토끼 외에 다른 어떤 이야기가 있나요?

A | 게와 당나귀 등 다양한 전설이 전해져 내려와요.

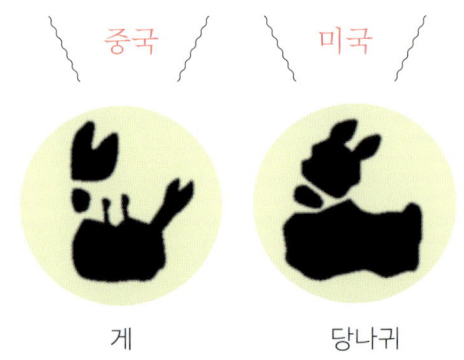

중국 - 게
미국 - 당나귀

캐나다에서는 '화난 개구리가 달라붙어 있다'고도 해요.
★ 옐로나이프(캐나다)

일본에서는 '물 긷기 싫어하는 어린아이가
달에 산다'는 이야기를 하기도 해요.
★ 하다노시(가나가와)

호주에서는 '화상 자국'이라고 말하기도 해요.
★ 스프링힐스팜(호주)

Q
지구와 달은
어떤 관계인가요?

A
하나의 예를 들자면
조수 간만의 차는
달의 인력 때문에 일어나는
현상이에요.

★ 도진보(후쿠이)

달이 존재한 덕분에 인류가 탄생했을지도 몰라요.

해수면은 달의 영향을 받아요. 달의 인력으로 바닷물의 높이가 달라져서 조수 간만의 차가 발생하는 것이지요. 특히 태양과 달이 일직선이 되는 삭이나 보름달일 때에는 태양의 인력도 함께 작용해서 간만의 차이가 커진답니다.

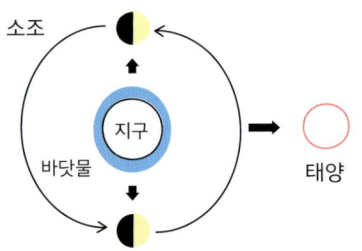

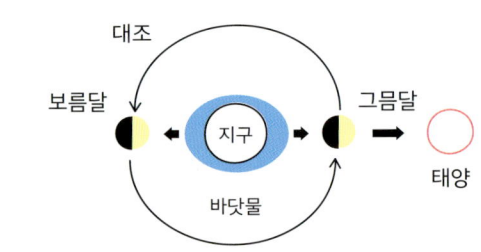

조수 간만의 차 때문에 바닷속 여러 물질이 섞여서 생명체가 탄생하게 됐다는 이야기도 있어요.
★ 미나미보소(치바)

Q1 | 달이 사람에게 특정한 영향을 끼치기도 하나요?

A 영향을 줄지도 모르지만, 지금까지 명확하게 밝혀지지는 않았어요.

보름달이 뜬 날 밤에는 '범죄가 많이 발생한다'는 등의 이야기가 있었어요. 그런데 연구를 통해 잘못된 속설이라는 것이 밝혀지기도 했어요.

Q2 | 늑대 인간의 기원은 어디인가요?

영국의 국왕이 보름달을 보고
정신 이상을 일으켰다는 이야기도 있어요.

A | 세계 여러 곳에서 전해 내려오는 이야기예요.

달빛을 쬔 늑대가 변신해서 인간을 공격한다는 전설은 세계 여러 곳에서 전해 내려와요. 오래전 기록인 구약 성서에도 늑대 인간에 관한 내용이 남아 있지요.

★ column 17 ★
옛날에는 달의 모양으로 날짜를 계산했나요?

옛날에는 달이 한 번 차고 기울어질 때까지를 1삭망월이라고 했으며 (그래서 지금도 '1개월'이라고 해요.), 달의 모양을 보고 날짜를 따져서 생활했어요. 현재는 태양을 중심으로 한 양력을 사용하고 있지요.

Q3 | 한국에서 '추석'이란 어떤 날인가요?

풍성한 수확을 기원하며
쌀로 송편을 만들어 먹어요.

A | 추석은 음력 8월 15일, 크고 아름다운 보름달이 뜨는 날이에요.

한국과 일본, 중국에서는 가을이 한창인 음력 8월을 '중추'라고 하며 8월 15일에 뜨는 달을 '중추명월'이라고 불렀어요. 지금도 사람들은 갓 수확한 과일과 쌀로 음식을 지어 먹고, 보름달을 보며 소원을 빌기도 하지요. 양력으로 9월 중순에서 10월 초순 사이이며 매해 날짜가 바뀐답니다.

Q4 | 달은 언제까지나 지구 옆을 돌고 있나요?

A | 아주 조금씩 지구에서 멀어지고 있어요.

달이 지구에서 매년 약 3.8cm씩 멀어지고 있다는 사실이 관측되고 있어요. 아주 먼 미래의 일이지만 달이 지금보다 작게 보이는 날이 올지도 모르겠네요.

Q5 | 만약 달이 없었다면 어땠을까요?

A | 지구의 하루가 8시간이었을지도 몰라요.

지구는 24시간 동안 한 바퀴 회전해요. 그래서 지구의 하루는 24시간이지요. 이는 달이 지구의 자전을 늦추기 때문이며, 달이 탄생하기 전에는 하루가 8시간이었을 거라고 추측하고 있어요.

절경!
밤하늘이 아름다운 관광지

밤하늘이 아름다운 관광지

비에이쵸 (홋카이도)

끝없이 펼쳐지는 홋카이도 대지 위에 별이 한가득 펼쳐져요.
사진은 비에이쵸의 관광 명소 중 한 곳인 '철학의 나무'와 은하수랍니다.

★4
밤하늘이 아름다운
관광지

아치무라 (나가노)

아치무라는 일본 환경부에서 조사한 전국의 별밤 관측에서 '별이 가장 환하게 빛나는 장소(2006)' 1위로 뽑히기도 했어요.

★5
밤하늘이 아름다운
관광지

이시가키지마 (오키나와)

이시가키지마는 적도에 가까워서 남십자성을 관찰할 수 있어요. 매해 여름에 '남쪽 섬의 별 축제'라고 하는 별밤 이벤트를 개최하고 있답니다.

아프리카의 나미비아에서 본 오리온자리예요.
한국에서 보는 오리온자리와 반대 방향으로 보여요.
★ 세스림(나미비아)

Q
별자리는
세계 공통인가요?

A
지금은 세계 공통이에요.

별자리는 세계 공통인가요?

별자리에 관해 이야기할 때, 세계는 모두 하나가 될 수 있어요.

별자리는 지금으로부터 약 5000년 전에 메소포타미아 지역(현재의 이라크 부근)에서 맨 처음 생겨났다고 해요. 시대와 지역에 따라 종류와 가짓수는 다르지만, 20세기에 들어 세계 공통의 별자리가 정해졌답니다.

Q1 | 별자리는 모두 몇 개인가요?

A | 88개의 별자리가 있어요.

Q2 | 88개의 별자리는 어떻게 정했나요?

A | 세계의 천문학자들이 모여서 정했답니다.

여러 사람이 마음대로 별자리를 만들고 나라마다 다른 별자리가 존재했기 때문에 한때는 120개에 가까운 별자리가 밤하늘을 가득 메운 적도 있어요. 그래서 1928년 국제 천문학 연합의 총회에서 별자리를 정리하기로 했지요. 지상에 국경이 있는 것처럼 밤하늘의 영역을 88개의 별자리로 나눈 것이에요. 그 후로 지구에서 보이는 모든 항성은 반드시 88개의 별자리 중 하나에 속하게 되었답니다.

★ column 18 ★

현재 별자리의 원형을 구축한 남자

그리스의 천문학자인 프톨레마이오스는 《알마게스트》라는 천문학 책을 썼어요. 그는 이 책에서 자신이 주장한 천동설(지구가 우주의 중심이며 태양이 지구 주위를 돈다는 이론)을 수학적으로 정밀하게 기술하고 있어요. 천문학 발전에 큰 영향을 끼친 《알마게스트》에는 48개의 별자리가 정리되어 있는데, 양자리나 큰개자리 등 현재 존재하는 별자리의 원형을 구축하였답니다.

Q3 | 옛날에는 어떤 별자리가 있었나요?

A | 순록자리, 인쇄실자리 등이 있었어요.

그 외에도 귀족을 위해 만든 '프리드리히의 명예자리', 천문학자가 자신의 애완 고양이를 별자리로 만든 '고양이자리' 등 매우 개인적인 별자리도 있었답니다.

'찰스의 떡갈나무자리', '조지의 거문고자리'와 같은 별자리도 있어요.

15세기 대항해 시대의 개막과 함께
남반구에도 별자리가 늘어나기 시작했어요.
★ 후크 산(뉴질랜드)

Q4 | 수성과 금성과 같은 행성은 어떤 별자리에 속해 있나요?

A | 행성은 밤하늘에서 위치를 바꾸며 움직이기 때문에 별자리에 속하지 않아요.

화성, 목성, 토성 등의 행성도 마찬가지예요.

Q5 | 같은 별자리에 속해 있는 별은 서로 가까이 있나요?

A | 그렇지 않아요. 대부분 멀리 떨어져 있어요.

지상에서는 밤하늘의 모든 별이 같은 거리에서 빛나는 것처럼 보이지요? 하지만 실제 우주에서는 각각 위치가 다르답니다. 예를 들어 지구에서 봤을 때 나란히 놓여 있는 오리온자리의 별들도 우주에서는 서로 굉장히 멀리 떨어져 있는 별들이랍니다.

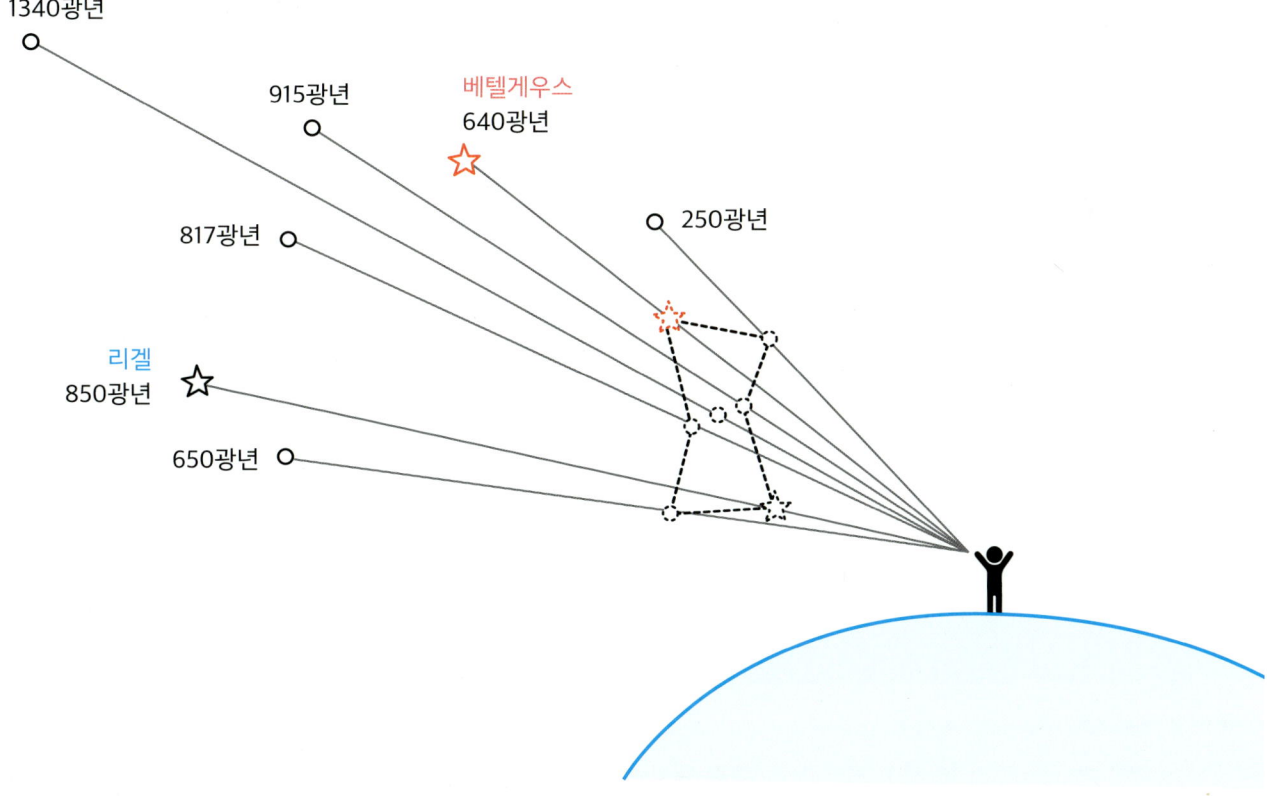

Q

봄철 밤하늘의 대표적인 별은 무엇인가요?

이 밤하늘에 보이는 북두칠성과
봄의 대삼각은 173쪽에서 설명하고 있어요.
★ 벳쿠의 계단식 논(효고)

A

북두칠성과
봄의 대삼각이에요.

봄철 밤하늘의 대표적인 별은 무엇인가요?

밤하늘에 봄이 찾아오면 봄 처녀가 가장 먼저 알려 줘요.

목동자리의 아르크투르스, 처녀자리의 스피카, 사자자리의 데네볼라를 이은 삼각형을 '봄의 대삼각'이라고 해요.
아르크투르스는 0등성, 스피카는 1등성, 데네볼라는 2.1등성의 별이랍니다.

Q1. 봄에는 또 어떤 별을 관찰할 수 있나요?

A. 북두칠성도 쉽게 관찰할 수 있어요.

큰곰자리의 등에서 꼬리 부분에 북두칠성이 숨어 있어요. 봄철 밤 10시 무렵, 북쪽 하늘 높이 잘 보이는 곳에 북두칠성이 떠오르지요. 또한 북두칠성에서 아르크투르스를 지나 스피카까지를 '봄의 대곡선'이라고 부른답니다.

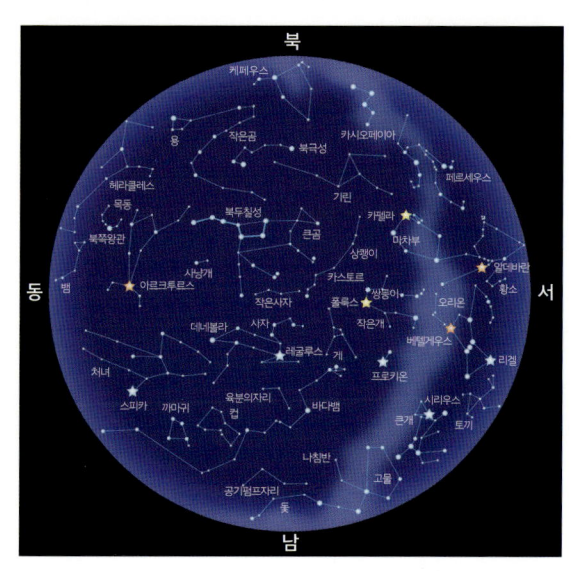

4월 중순 밤 8시 무렵의 밤하늘

Q2. 북두칠성은 '국자 모양'인가요?

A. 나라마다 다른 모양으로 비유하고 있어요.

북두칠성은 중국에서 지어진 이름이에요. 북두칠성의 '두'를 한자로 풀이하면 '국자'를 뜻한다고 해요. '북쪽 하늘에 있는 국자 모양을 한 일곱 개의 별'이 북두칠성인 셈이지요.

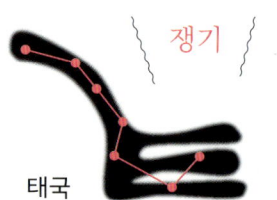
쟁기 — 태국

왕의 수레 — 중국

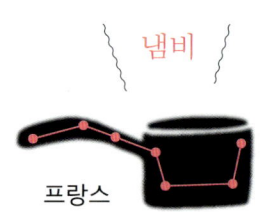
냄비 — 프랑스

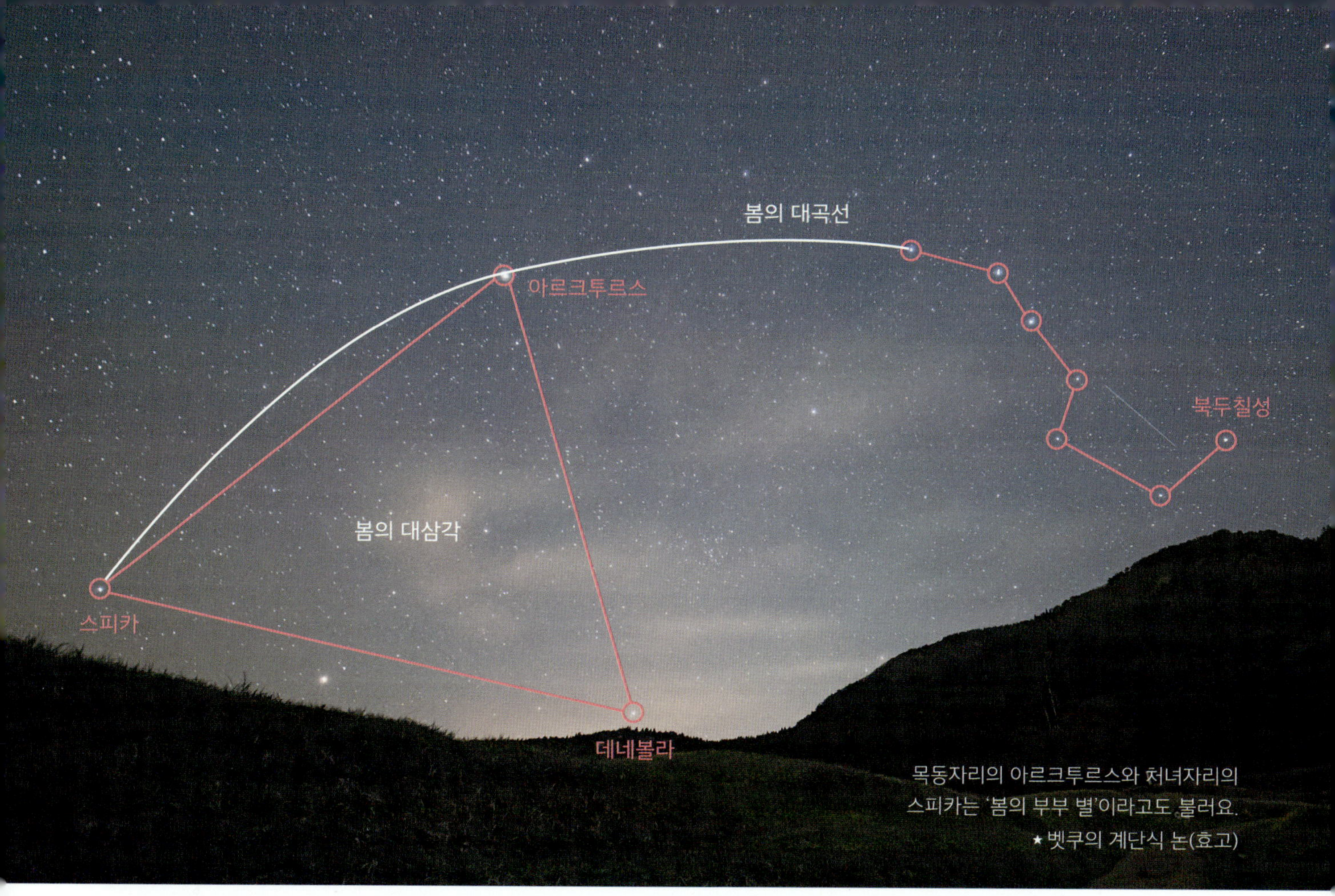

봄의 대곡선
아르크투르스
북두칠성
봄의 대삼각
스피카
데네볼라

목동자리의 아르크투르스와 처녀자리의 스피카는 '봄의 부부 별'이라고도 불러요.
★ 벳쿠의 계단식 논(효고)

★column 19★

처녀자리의 처녀는 대체 누구인가요?

처녀자리에 관해서는 다양한 이야기가 전해 오지만, 그중 하나는 농업의 여신 데메테르에 관한 이야기예요.

제우스의 여동생인 데메테르는 '대지의 어머니'라고도 불리며 대지의 모든 식물을 다스렸어요.

그러던 어느 날 자신의 아름다운 딸 페르세포네가 저승의 신 하데스에게 납치를 당했어요. 페르세포네는 결국 하데스의 아내가 되었지요. 데메테르는 이에 큰 충격을 받아 구멍으로 숨어 버렸답니다. 그러자 대지는 겨울처럼 메말라 버렸어요.

그 모습을 보다 못한 제우스는 하데스를 설득해서 페르세포네를 데메테르의 곁으로 돌려보냈어요. 페르세포네가 무사히 돌아오자 대지의 식물이 결실을 맺고 대지가 다시 살아나기 시작했지요.

하지만 집으로 돌아오는 길에 하데스가 건네준 석류 열매 4알을 먹은 페르세포네는 1년에 4개월을 저승에서 보내야만 했답니다.

페르세포네가 저승에 있는 4개월 동안에는 데메테르가 동굴에 들어가 나오지 않아 겨울이 찾아오는 것이라고 해요.

Q
여름철 밤하늘의 대표적인
별은 무엇인가요?

이 밤하늘에 보이는 여름의 대삼각은
177쪽에서 설명하고 있어요.

A

은하수와 함께 감상하는
여름의 대삼각이에요.

여름철 밤하늘의 대표적인 별은 무엇인가요?

여름철 밤하늘을 올려다보면 견우와 직녀가 우리를 반겨 줘요.

거문고자리의 베가, 독수리자리의 알타이르, 백조자리의 데네브를 연결한 삼각형을 '여름의 대삼각'이라고 해요.
베가는 0등성, 알타이르는 0.8등성, 데네브는 1.3등성의 별이랍니다.

Q1. 여름에는 또 어떤 별자리를 관찰할 수 있나요?

A. 궁수자리와 전갈자리 등의 별자리를 관찰할 수 있어요.

전갈자리는 낚싯바늘처럼 보여서, 일본의 어떤 지역에서는 '물고기 낚시자리'라고도 불렀어요. 하와이에서는 '마우이족의 영웅이 섬을 건져 올린 바늘'이라는 이야기도 전해 내려온답니다.

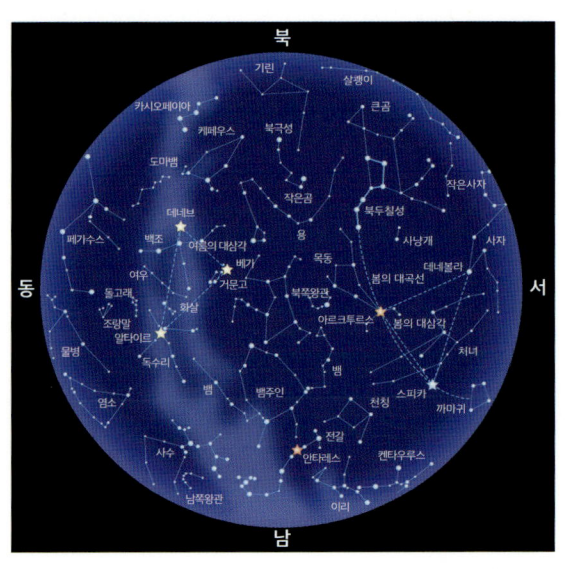

7월 중순 밤 9시 무렵의 밤하늘

Q2. 여름의 별자리는 여름에만 볼 수 있나요?

A. 다른 계절에도 볼 수 있어요.

밤 8시~9시 무렵에 남쪽 하늘에 보이는 별자리가 그 계절의 별자리예요. 같은 날이라도 시간대나 방향을 바꿔서 하늘을 올려다보면 다른 계절의 별자리를 감상할 수 있답니다.

11월 15일 밤 8시 무렵 낮은 서쪽 하늘에서 보이는 여름의 대삼각
★ 도노미네 고원(효고)

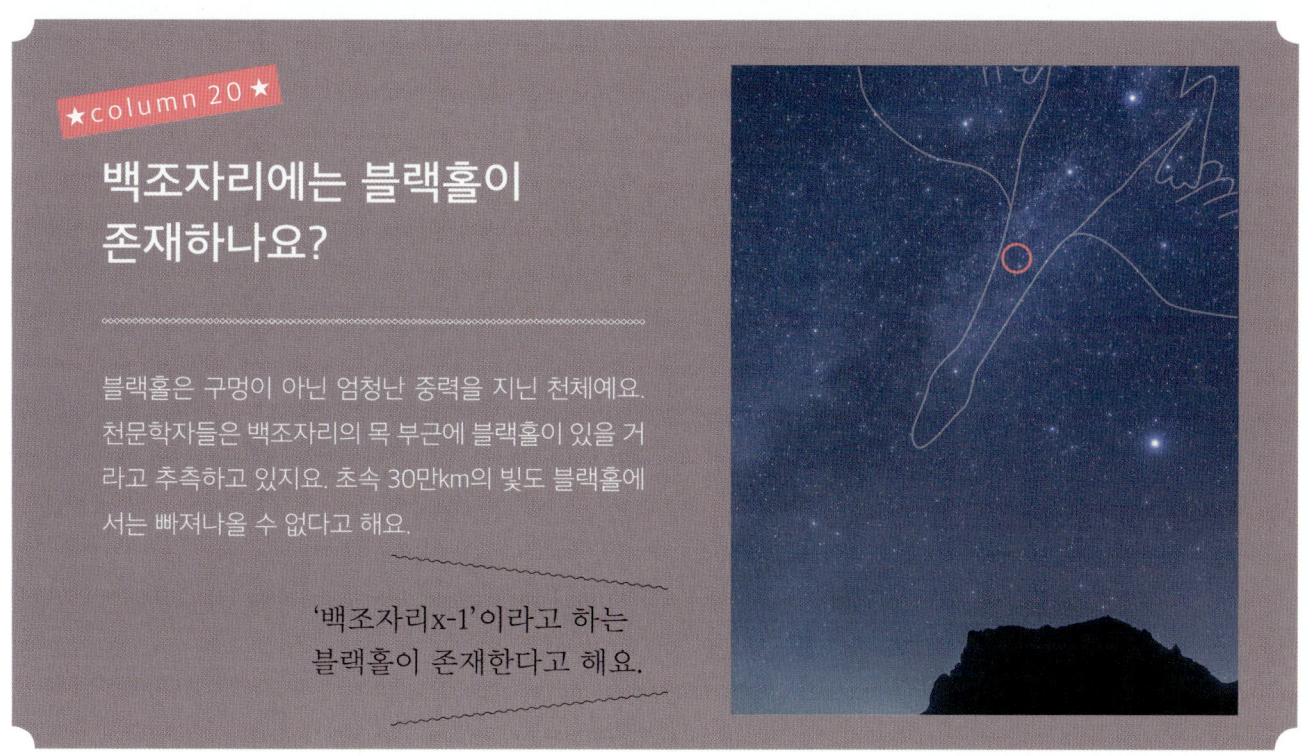

여름의 대삼각

데네브

알타이르 베가

칠석에 만나는 직녀(베가)와 견우(알타이르)는
은하수를 사이에 두고 빛나고 있어요.
★ 구주와카레(오이타)

★ column 20 ★

백조자리에는 블랙홀이 존재하나요?

블랙홀은 구멍이 아닌 엄청난 중력을 지닌 천체예요. 천문학자들은 백조자리의 목 부근에 블랙홀이 있을 거라고 추측하고 있지요. 초속 30만km의 빛도 블랙홀에서는 빠져나올 수 없다고 해요.

'백조자리x-1'이라고 하는 블랙홀이 존재한다고 해요.

Q
가을철 밤하늘의 대표적인
별은 무엇인가요?

포말하우트는 181쪽 하단에서,
이 밤하늘에 보이는 가을의 사각형은
181쪽 상단에서 설명하고 있어요.
★ 조도다이라(후쿠시마)

A

포말하우트와
가을의 사각형이에요.

가을철 밤하늘의 대표적인 별은 무엇인가요?

가을철 밤하늘은 그리스 신화의 무대예요.

영어로는 '페가사스'라고 하지만 별자리를 말할 때는 프랑스 어로 '페가수스'라고 해요.

페가수스자리의 몸통 부분을 '가을의 사각형'이라고 해요. '가을의 사각형'은 가을을 대표하는 별을 연결한 모양이지요.
또한, 남쪽물고기자리의 포말하우트는 가을철 별자리 중에 가장 밝게 빛나는 별이에요.

Q1. 가을에는 다른 어떤 별자리를 관찰할 수 있나요?

A 신화로 유명한 별자리를 관찰할 수 있어요.

가을에는 안드로메다자리, 페르세우스자리, 카시오페이아자리 등을 볼 수 있어요. 특히 카시오페이아자리는 좁은 범위 안에 별이 모여 있어서 가을의 사각형보다 관찰하기 쉽답니다.

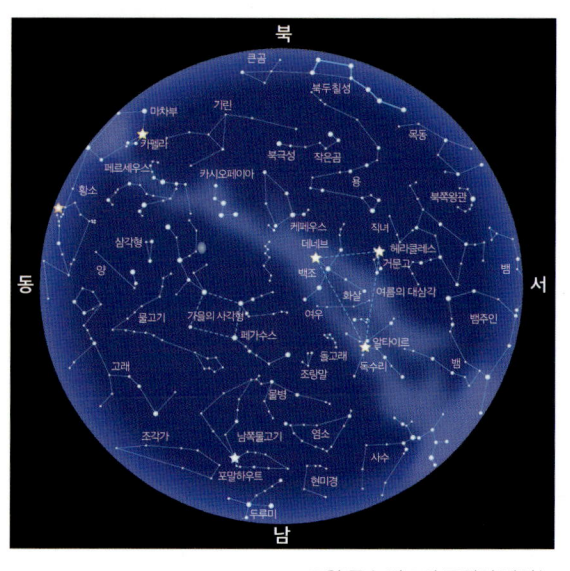

10월 중순 밤 8시 무렵의 밤하늘

---

column 21

그리스 신화에 나오는 왕가 이야기

가을철 별자리로 읽는 그리스 신화

고대 에티오피아의 왕비인 카시오페이아에게는 안드로메다라고 하는 사랑스러운 딸이 있었어요.
"내 딸 안드로메다는 바다의 요정보다 아름다워요."
어느 날, 카시오페이아가 자랑스럽게 내뱉은 이 한마디가 바다의 신 포세이돈을 화나게 했어요. 포세이돈은 거대한 괴물을 바다로 보내서 항해나 물고기를 잡으러 바다에 나오는 사람들을 공격하게 했지요.
"안드로메다를 제물로 바치도록 해라!"
포세이돈의 계시를 들은 에티오피아 사람들은 그녀를 해변의 바위에 꽁꽁 묶어 두었어요. 괴물이 그녀를 덮치려는 순간, 한 명의 용사가 나타났어요.
페가수스를 타고 나타난 페르세우스였지요. 그는 조금 전 물리친 메두사의 머리를 괴물에게 들이대면서 괴물을 돌로 변하게 만들었어요.
이렇게 안드로메다 공주를 구해 준 페르세우스는 그녀와 결혼하게 되었답니다.
참고로 카시오페이아자리가 북극성 주위를 하루에 한 번씩 도는 이유는 카시오페이아 왕비의 오만함을 벌주기 위해서라고 하네요.

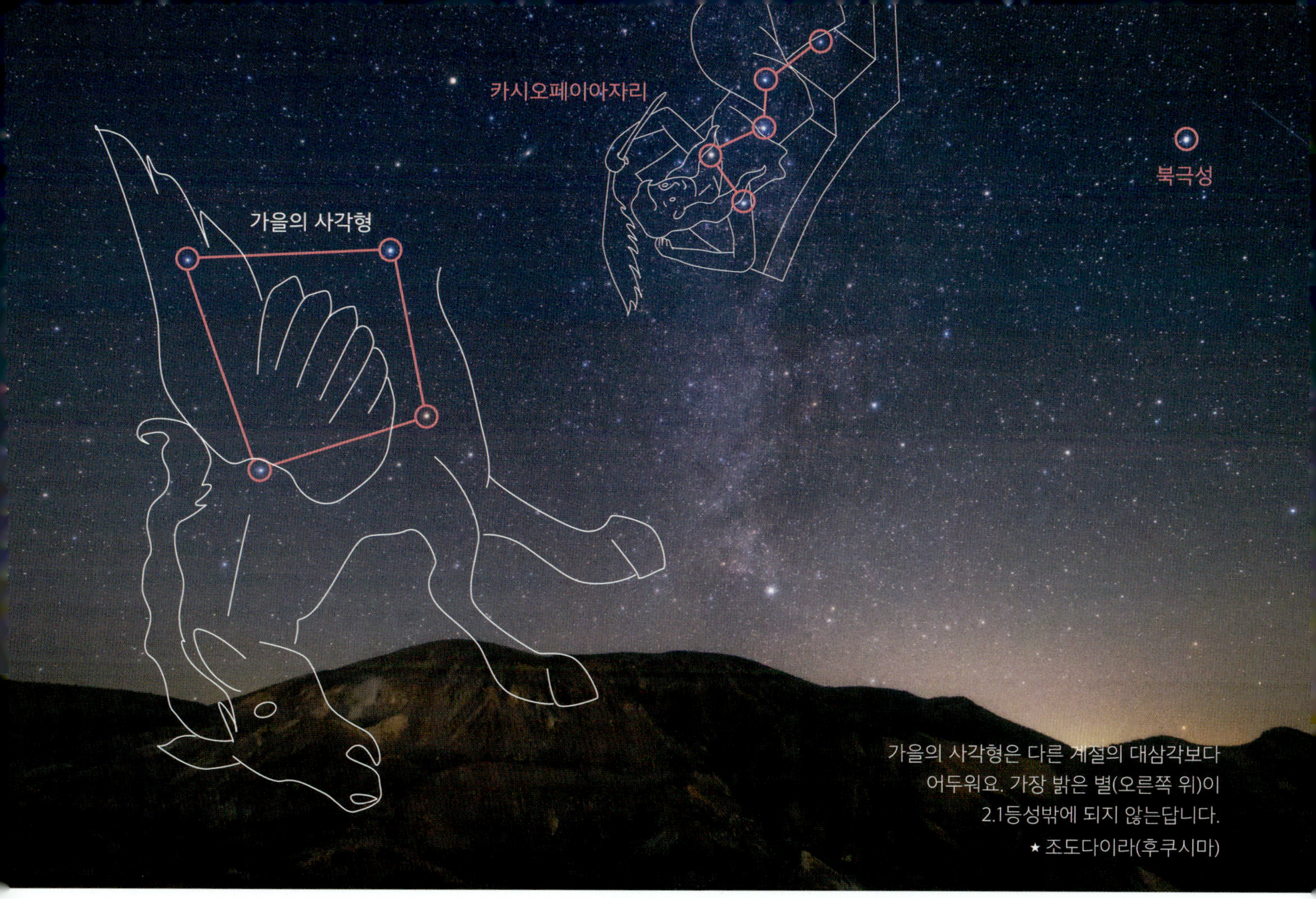

가을의 사각형

카시오페이아자리

북극성

가을의 사각형은 다른 계절의 대삼각보다 어두워요. 가장 밝은 별(오른쪽 위)이 2.1등성밖에 되지 않는답니다.
★ 조도다이라(후쿠시마)

Q2 | 포말하우트의 뜻은 무엇인가요?

A | 아랍 어로 '물고기의 입'이라는 뜻이에요.

남쪽의 낮은 하늘에서 볼 수 있어서 선원들에게 널리 알려진 별이라고도 해요. 포말하우트는 원래 청백색의 밝은 별이지만 한국에서는 남쪽에서 낮게 뜨기 때문에 붉은 빛으로 보여요.

남쪽물고기자리의 입 부분에서 빛나고 있어요.

포말하우트
남쪽물고기자리

★ 도카치 평야(홋카이도)

Q

겨울철 밤하늘의 대표적인 별은 무엇인가요?

이 밤하늘에 보이는 오리온자리와 겨울의 대삼각은 185쪽에서 설명하고 있어요.
★ 쓰루이무라(홋카이도)

A

오리온자리와
겨울의 대삼각이에요.

이 밖에도 밝은 별이 많으며 아름다운
별들이 겨울철 밤하늘 전체를
장식하고 있어요.

겨울철 밤하늘의 대표적인 별은 무엇인가요?

별을 가장 쉽게 관찰할 수 있는 시기는 겨울철 밤하늘일지도 모르겠네요.

겨울은 공기가 맑아서 별이 선명하게 반짝이므로 밤하늘을 관찰하기에 가장 좋은 계절이에요. 오리온자리의 베텔게우스, 큰개자리의 시리우스, 작은개자리의 프로키온을 연결하는 삼각형을 '겨울의 대삼각'이라고 해요.
베텔게우스는 0.5등성이며, 시리우스는 -1.5등성, 프로키온은 0.4등성의 별이랍니다.

Q1 | 겨울에는 또 어떤 별자리를 관찰할 수 있나요?

A | '겨울의 다이아몬드'라고 불리는 별들을 관찰할 수 있어요.

시리우스, 프로키온, 쌍둥이자리의 폴룩스, 마부자리의 카펠라, 황소자리의 알데바란, 오리온자리의 리겔, 이렇게 여섯 개의 별을 연결해서 생긴 커다란 육각형을 겨울의 대육각형 또는 다이아몬드라고 해요.

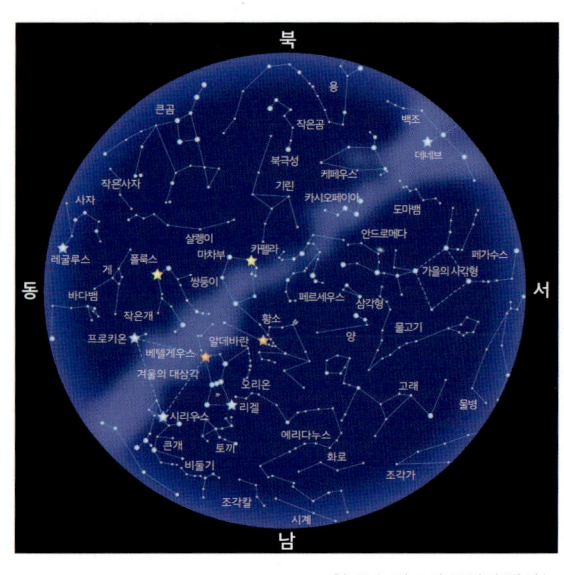

1월 중순 밤 8시 무렵의 밤하늘

★column 22★
가장 찾기 쉬운 별자리는 무엇인가요?

겨울을 대표하는 별자리 중의 하나인 오리온자리예요. 베텔게우스와 리겔처럼 밝은 별과 중앙에는 별 세 개가 나란히 놓여 있어서 별자리를 처음 관찰하는 사람에게 추천할 만한 별자리지요. 겨울의 대삼각이나 겨울의 대육각형 역시 오리온자리를 중심으로 찾아보면 쉽게 발견할 수 있답니다.

겨울의 다이아몬드라고도 해요.

이 사진에서 가장 밝게 빛나는 별은 목성이에요.
★ 쓰루이무라(홋카이도)

Q2 '좀생이별'은 무엇인가요?

A 플레이아데스 성단을 한국에서는 '좀생이별'이라고도 해요.

성단이란, 항성이 모여 있는 집단이에요. 한국에서는 플레이아데스 성단을 '좀생이별'이라고도 불러요. 황소자리에 100개 정도의 청백색 별이 모여 있는 '좀생이별'은 맨눈으로 관찰할 수 있는 대표적인 산개 성단이에요. 일본에서는 '스바루'라고 불러요.

★ 노리쿠라 고원(나가노)

★ 서호 들새의 숲 공원(야마나시)

Q
모두를 깜짝 놀라게 할 만한
오리온자리의 이야기를 알려 주세요!

A
별의 유래나 별에 관련된 신화는
매우 다양해요.

모두를 깜짝 놀라게 할 만한 오리온자리의 이야기를 알려 주세요!

모두가 알고 있는 오리온자리는 모두가 궁금해 하는 별자리예요.

오리온자리는 밤하늘에서 가장 쉽게 찾을 수 있는 별자리 중 하나예요.
쉽게 찾을 수 있는 만큼 오리온자리에 대해 조금만 알아 두면, 누군가와 밤하늘을 바라볼 때 도움이 될지 몰라요.

Q1 | 오리온자리의 유래가 궁금해요.

달의 여신 아르테미스에게 목숨을 잃었다는 전설도 전해 내려와요.

A | 오리온은 그리스 신화에 등장하는 사냥꾼이에요.

오리온은 바다의 신 포세이돈의 아들이에요. 어느 날 "지상에 있는 모든 짐승을 싹 죽여 보겠다."고 우쭐대다 대지의 여신 가이아를 화나게 하고 말아요. 결국 오리온은 가이아가 보낸 전갈에 물려 목숨을 잃게 되지요. 그래서 오리온자리가 여름 별자리인 전갈자리가 없는 겨울철에 하늘로 올라온다는 이야기도 있답니다.

Q2 | 베텔게우스와 리겔의 뜻은 무엇인가요?

A | 베텔게우스는 '겨드랑이 아래', 리겔은 '왼쪽 다리'를 뜻하는 말이에요.

아랍 어예요.

---

column 23

사랑하는 여인의 화살을 맞았다고요?

오리온자리에는 또 다른 이야기도 있어요. 바로 달의 여신 아르테미스에 관한 이야기지요. 오리온과 사랑하는 사이였던 아르테미스가 오빠 아폴론의 장난으로 오리온에 화살을 쏘고 말아요. 그 사실을 알고 슬퍼하는 아르테미스를 달래 주기 위해 제우스가 오리온을 밤하늘의 별자리로 만들었다고 해요.

Q3 | 오리온자리는 어떤 모양인가요?

A | 장구나 거북으로 보인다고도 해요.

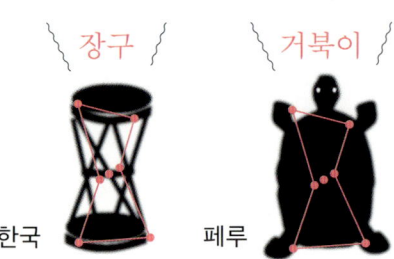

장구 / 거북이
한국 / 페루

★ 서호 들새의 숲 공원(야마나시)

Q4 삼형제별 아래에 뿌옇게 보이는 빛은 무엇인가요?

A 오리온 대성운이에요.

성운이란 우주의 먼지와 가스가 모여서 구름처럼 보이는 물질이에요. 오리온 대성운은 지구에서 약 1344 광년 떨어져 있답니다.

★ 오쿠시마 호(군마)

절경!
밤하늘이 아름다운 관광지

밤하늘이 아름다운 관광지

우쓰쿠시가하라 (나가노)

근처 숙소에서는 별밤 관측 투어를 무료로 운영하기도 해요.
특히 우쓰쿠시가하라의 상징이라고도 할 수 있는 아름다운 탑과 함께 감상하는 밤하늘 풍경이 환상적이랍니다.

해 질 녘에 떠오른 달
★ 마슈코 호수(홋카이도)